Martina Wasserma

FRIEDHÖFE

Flanieren an stillen Orten.
Wien & Umgebung

WiLD URB Kultbuch

verlag rittberger+knapp

Die Informationen in diesem Buch wurden mit größter Sorgfalt recherchiert. Dennoch können Fehler nicht vollständig ausgeschlossen werden. Die Benutzung dieses Buches und die Umsetzung der darin enthaltenen Informationen erfolgt ausdrücklich auf eigenes Risiko. Verlag, Autoren und Lektor können für etwaige Unfälle und Schäden jeder Art, die sich beim Besuch oder bei der Anreise zu in diesem Buch beschriebenen Orten ergeben, aus keinem Rechtsgrund Haftung übernehmen.

Alle Anreiseangaben ohne Gewähr.

Edition WildUrb
ISBN: 978-3-902999-46-7
1. Auflage Oktober 2021

Autorin: Mag. Martina Wassermann
Lektorat: Loris Knoll BSc. (grüngrätzlwege.at)
Coverfoto: ©AdobeStock/Stefan, Backcover: ©AdobeStock/Matthew
Karten enthalten Daten der ©OpenStreetMap-Mitwirkenden/
www.openstreetmap.org (ODbL-Lizenz)

 Kommentare und Fragen gerne an:
office@rittbergerknapp.com

www.wildurb.com
www.rittbergerknapp.com

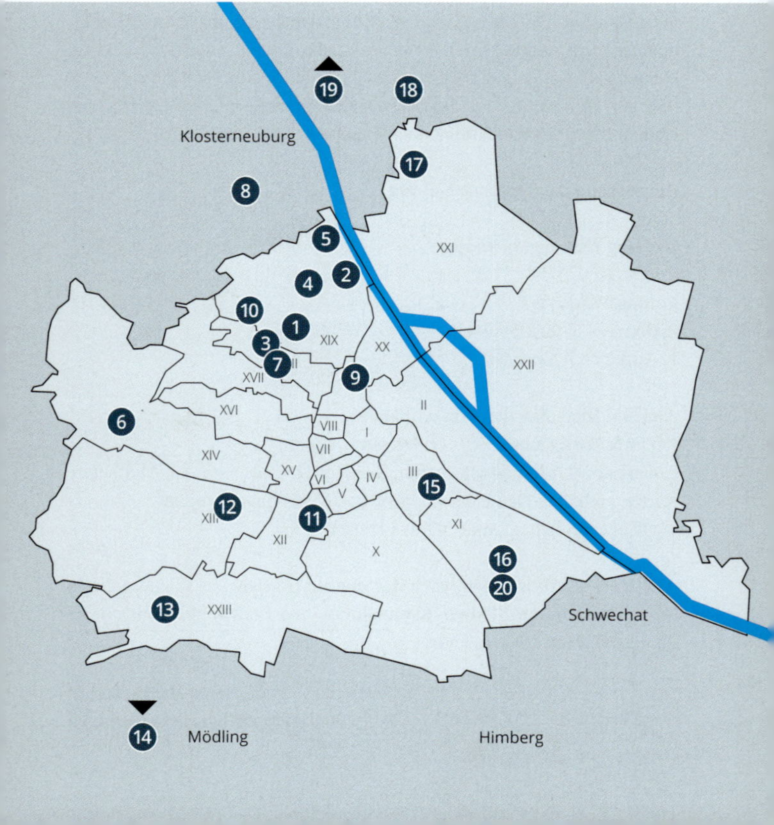
19
18
Klosterneuburg
17
8
5
XXI
2
4
10
1
3
XIX
XX
7
XVII
9
XXII
XVI
II
6
VIII
I
VII
XIV
XV
VI
IV
III
15
V
12
XIII
11
XI
XII
X
16
20
13
XXIII
Schwechat
14
Mödling
Himberg

Inhalt

Willkommen

Es gibt herrlich viele Möglichkeiten das Wesen einer Stadt zu erkunden, ob per Rad, mit dem Scooter, zu Fuß, via Lauf- oder Wanderschuh. Welchem Ziel man folgt, auf welches Entdeckungspotential man sich einlassen möchte – es bleibt ganz dem eigenen Geschmack überlassen. Wir mögen den Versuch unternehmen, uns über die Architektur, das kulturelle Leben, die Kulinarik oder aus einer anderen Perspektive der Seele Wiens zu nähern, ein Gespür dafür zu entwickeln, was diese Stadt ausmacht. Ein besonders spannender und tiefgreifender Ansatz dazu, dachten wir, ist ein Besuch der Wiener Friedhöfe, denn: mit Friedhöfen lässt sich nicht nur Stadtgeschichte schreiben. Freude und Trauer, Liebe und Erinnerung sind basale menschliche Empfindungen, die uns mehr über die Menschen und das Wesen ihrer Stadt verraten als es so manch andere Orte möglich machen. Sie bieten uns ein Panoptikum aus Tradition, Kultur, Geschichte und Emotion über Jahrhunderte hinweg.

Die Reformen Kaiser Josephs des II. in den Jahren 1783/84 haben wohl den tiefsten Einschnitt in der Wiener Bestattungskultur bzw. der Friedhoflandschaft hinterlassen. Der ursprüngliche Plan sah vor, sämtliche Bestattungsareale aufzulassen, um vorerst fünf kommunale Friedhöfe außerhalb des Linienwalls anzulegen. Mit dem Anstieg der Bevölkerung durch Zuwanderung und der allgemeinen Stadtentwicklung haben auch jene Friedhöfe, mit Ausnahme des noch heute als Park vorhandenen St. Marxer Friedhofes, ihre Existenz eingebüßt. 1874 wurde der gigantische Wiener

©AdobeStock/Aul Zitzke

Zentralfriedhof mit dem Ziel, hier allen Bewohnern Wiens eine letzte Ruhestätte zu bieten, eröffnet. Zum Glück haben neben dem Zentralfriedhof aber noch weitere 45 in allen Bezirken Wiens verteilte Friedhöfe trotz Reformen und Schließungsansinnen bis heute überdauert. In diesem Büchlein haben wir eine individuelle Auswahl getroffen – jeder Friedhof hat seinen Charakter, seine Aura, seinen Charme und seine Geschichte. Drei in Niederösterreich gelegene Friedhöfe haben es auch ins Portfolio geschafft, sie bieten als Land-, Wald- oder Wiesenfriedhöfe einen interessanten Kontrast zu den städtischen Friedhofsarealen. Als Schmankerl werfen wir zuletzt einen Blick auf zwei verschwundene Wiener Friedhöfe, von deren einstiger Existenz wir Dank der Forschungen und Studien der Wiener Stadtarchäologie erfahren haben. Zieh los mit uns, lass Dich überraschen und mitreißen, tauch ein in die morbide Welt der Gruften, Gräber und Mausoleen mit ihren spannenden Geschichten. Bewundere die Kunst der Steinmetze, verliebe Dich in Grabfiguren aus Bronze und Stein oder lass Dich von Lavendel- und Rosenduft inspirieren. Es gibt vieles zu bestaunen und zu entdecken in den Bezirksnekropolen Wiens!

Alle Spots sind online

Unsere Orte kannst Du auch ganz einfach am Handy abrufen, indem Du den QR-Code des jeweiligen Parks scannst, die Karte öffnest (Google Maps) und schon geht die Anreise ganz einfach.

PLACE 1

Nobel

Friedhof Döbling

©Martina

START & ANREISE
1190 Wien, Hartäckerstraße 65
Linie 40A › Döblinger Friedhof

BESONDERHEITEN
6,5m hohes Kreuz mit vergoldeter Skulptur, Grabmal des Malers Josef Mikl, mohammedanische Abteilung

Unter dem Namen Teopilic in einer Urkunde von 1114 bereits erwähnt, dürfte der heutige Wiener »Nobelbezirk« Döbling im frühen Mittelalter eine kleine von Slawen bevölkerte Siedlung gewesen sein. Ab dem Jahre 1336 taucht erstmals der Name Töbling auf. Die Existenz einer der ersten Kirchen der Gemeinde, der Döblinger Pfarrkirche, die dem Hl. Paulus gewidmet ist, ist ab dem Jahre 1413 nachweisbar.

Bestanden hat das Gotteshaus aber bereits davor. Bis ins Jahr 1783 wurde der Friedhof, der die am heutigen Kardinal-Innitzer-Platz liegende Kirche über Jahrhunderte umgeben hat, für die Bestattung der Oberdöblinger genutzt. Die Verstorbenen Unterdöblings wurden auf dem weiter entfernt liegenden Heiligenstädter Friedhof beigesetzt. Da der 1874 eröffnete Zentralfriedhof bei der Wiener Bevölkerung als letzte – äußerst entlegene Ruhestätte – mehr als unbeliebt war, wurde den beiden Gemeinden im Jahr 1880 von der k.u.k. Bezirkshauptmannschaft Hernals die Errichtung eines Friedhofes an der Türkenschanze genehmigt. Die Einweihung des Friedhofes fand vor dem noch heute existierenden und sehenswerten 6,5 Meter hohen Kreuz mit vergoldeter Christusfigur statt.

Kurz zurück zur Entwicklung der Bevölkerungsschicht in Döbling, die zwar durchaus gemischt ist, aber dennoch auffällig viele wohlhabende Bewohner aufweist. Von allen Wiener Bezirken verfügt Döbling über den flächemäßig

Arkadengruften

©Martina

größten Anteil an Weinanbaugebieten und liegt umgeben von Wiesen und Wäldern. Seine altertümlichen Strukturen konnte es trotz etlicher Verwüstungen durch die Türkenbelagerungen und sonstiger Plünderungen bewahren. Bereits im 18. Jahrhundert hatte der Zuzug und die Niederlassung adeliger Familien eine »Aufwertung« und »Nobilitierung« des Bezirks zur Folge. Im 19. Jahrhundert zog es auch die bürgerlichen Schichten in den schönen Vorort. Döbling etablierte sich zum beliebten Sommerfrischeort der Wiener High Society. Es entstanden Vergnügungslokale wie das *Casino Zögernitz,* das immer wieder Ausflügler aus der Innenstadt anzog. Im östlichen Teil entwickelte sich um die Heiligenstädter Straße ein stetig wachsendes Industrie- und Gewerbezentrum.

Wo gelebt wird, wird gestorben – und wie im Leben, so ist der weltliche Background oft auch nach dem Ableben noch deutlich sichtbar. Ganz klar tritt diese Erkenntnis bei einem Besuch am Döblinger Friedhof zutage. Wir finden hier prächtig und kunstvoll gestaltete Grabdenkmäler, wahre Unikate der Steinmetzkunst. Schon die Planung und Umsetzung des Friedhofes oblag zwei verdienten Architekten, den beiden Deutschen Dominik Avanzo und Paul Lange, die neben dem Anatomischen Institut in Wien auch das ehemals sehr beliebte Gasthaus *Zur Waldschnepfe* entworfen und als Bauleiter die Entstehung des Justizpalastes begleitet haben. Wir finden am Döblinger Friedhof viele Namen, die eng mit der Geschichte Wiens verknüpft sind – Schauspieler, Maler, Schriftsteller, Ärzte und Industrielle. Einer der wohl berühmtesten Wiener, der Schriftsteller Theodor Herzl, wurde nach seinem Tode 1904 hier beerdigt. Herzl, der mit seinem 1896 erschienen Werk »Der Judenstaat« weltweit den politischen Zionismus begründete und sich Zeit seines Lebens für die Gründung eines jüdischen Staates eingesetzt hatte, wurde 1949 nach Jerusalem überführt, wo er auf dem nach ihm benannten Herzlberg seine letzte Ruhestätte fand.

Ins Auge fällt uns auch das strahlend weiße Grabmal des österreichischen Malers und Grafikers Josef Mikl. Neben sakralen Objekten wie Messkleidern und Kelchen entwarf er auch Glasfenster – z.B. für die Friedenskirche in Hiroshima. Ein Jahr vor seinem Tod 2008 erwarb und renovierte der Künstler das 1907 von Alfred Castellitz, einem Schüler Otto Wagners und dem späteren Herausgeber der Zeitschrift *Wiener Bauhütte*, entworfene Mausoleum Klimburg. Es befindet sich von allen Seiten gut sichtbar im Zentrum des Friedhofes.

Man sieht es dem noblen Döblinger Friedhof auf den ersten Blick vielleicht nicht an, doch trotz der vielen aufwendig gestalteten Grabmäler war und ist er eine letzte Ruhestätte für alle. Es ist ein interkonfessioneller Ort, an dem seit Beginn des 20. Jahrhunderts neben den Verstorbenen der israelitischen und muslimischen Gemeinden, den Döblingern sowie viele weitere Verstorbene der Stadt Wien, die nicht am dezentral gelegenen Zentralfriedhof beerdigt werden wollten, ihre letzte Ruhestätte gefunden haben. Auch dahingehend, abgesehen von Pracht und Prunk, im Sinne der Universalität und Offenheit, zeigt der Döblinger Friedhof Klasse.

Öffnungszeiten: 3. November bis Ende Februar: 8:00 bis 17:00
März sowie 1. Oktober bis 2. November: 7:00 bis 18:00
April bis September: 7:00 bis 19:00
Mai bis August: jeden Donnerstag bis 20:00
Größe: 49.981m², Grabstellen: 3.759

©Martina

PLACE 2

Traditionell

Pfarrfriedhof Nußdorf

©Martina

START & ANREISE
1190 Wien, Nußberggasse 48
Linie D › Nußdorf Beethovengang
(6min. Gehzeit zum Ausgangspunkt)

BESONDERHEITEN
An den Weinbergen, Grabmal von
Franz Schier, Heuriger *Die Wagnerei*

Von der Absberggasse im Osten Wiens ausgehend führt uns die Straßenbahnlinie D durch die gesamte Stadt auf die gegenüberliegende Seite der Metropole, in das idyllische Nußdorf, das bereits 1246 nach Heiligenstadt eingepfarrt wurde. Von der Endstation des D-Wagens am Beethovengang treten wir entlang des Schreiberbaches einen ca. 6-minütigen Fußmarsch in Richtung des heute bestehenden katholischen Nußdorfer Pfarrfriedhofes, der seit dem 25. Juni 1867 anstelle zweier Weingärten in der Ried *Untere Schos* angelegt worden war, an.

Der erste Nußdorfer Friedhof im Bereich Eichelhofstraße/Hackhofergasse entstand um 1600. Nach der Erhebung der Thomaskapelle zur Pfarre im Jahre 1783 wurde ein weiterer Friedhof in der Hammerschmidtgasse 7-9 angelegt. Ca. 50 Jahre später, im Jahre 1837, kam es bereits zu Platzproblemen, die letztendlich in der Problematik kulminierten, dass verstorbene Findelkinder der ab 1830 in Wien eröffneten *Kleinkinderbewahranstalten* nicht mehr beigesetzt werden konnten. Die Stadthalterei ordnete daher eine Verlegung des Friedhofes in die heutige Nußberggasse 48 an.

Wir erreichen den Friedhof, der uns mit seiner uneinsehbaren Fassade empfängt, nach einem lauschigen Spaziergang durch die sonnig gelegene Wohngegend. Das Friedhofsgelände ist zur südlichen Seite hin von einer Mauer flankiert. Seit 1960 verfügt der kleine Nußdorfer Friedhof über eine

eigene Aufbahrungshalle, bis 1968 wurden ein Vordach und weitere Nebenräume errichtet. Die 2008 neu entstandene Kapelle rundet das Bild des friedlich am Rande der Weinberge gelegenen Geländes im Stile eines »Dorffriedhofes« ab.

À propos Weinberge – wir betreten den Friedhof in leichter Hanglage über ein paar Stufen und befinden uns im Mittelgang. Vor uns erhebt sich ein neu renoviertes Denkmal für die Opfer beider Weltkriege. Der goldene Jesus auf schwarzem Kruzifix kontrastiert die aufsteigenden Weingärten im Hintergrund und den sich darüber erhebenden makellos blauen Himmel. Gemütlich schlendern wir im Schatten der Bäume die Anhöhe hinauf, bis wir in der letzten Grabreihe ankommen, die nach oben hin mit einer Mauer die Begrenzung zum Horizont darstellt. Direkt auf der Mauer scheinen Gräser zu sitzen, deren Spitzen sich im Wind leicht wiegen und das feine Blau des Himmels berühren.

Während wir uns in Gedanken über alte Zeiten, die Lieblichkeit des Ortes – so nahe an der Natur – und über die der Endlosigkeit des Himmels verlieren, dringt ein kräftiges Lachen an unser Ohr. Das ist im ersten Moment erstaunlich, da der Friedhof sich zwar in einer Wohngegend befindet, aber dennoch sehr ruhig liegt. Wir machen also kehrt und gehen in Richtung westlicher Einfriedung, wo das gesellige

Treiben seinen Ursprung zu haben scheint. Auf Höhe der auffallend hübschen Grabstätte von Franz Rudolf Schier, genannt *Schier Franzl*, einem ehemaligen Nußdorfer Heurigenbesitzer, Wienerliedsänger und Schauspieler (1909-1954) machen wir Halt. Der unregelmäßig beschlagene Grabstein ähnelt einem Bergmassiv in Miniaturform, im oberen Bereich ist ein farbenprächtiges, kleines Marienbild eingelassen. Wir wagen einen Blick über den von Efeu überzogenen Zaun, der hier etwas herabgesetzt ist. Ein grün-weißer, wie ein kleines Zirkuszelt anmutender Pavillon

Heurigenzelt

sticht uns sofort ins Auge. Er ist umgeben von einigen lauschigen Heurigen- und Stehtischen, eine Willkommenstafel am Entrée lädt uns zum Verweilen ein. Wir erkundigen uns und erfahren, dass es sich um die brandneu eröffnete Niederlassung des Weinbaus Andreas Wagner, einer ehemals in der Wildgrube 48 ansässigen und bis dahin sehr beliebten sowie bekannten Wiener Heurigenkultstätte, nunmehr der neuen *Wagnerei,* handelt. Man begrüßt uns freundlichst, die Stimmung der Gäste ist – wie wir akustisch bereits festgestellt haben – hervorragend. Während wir uns nun als unmittelbare Nachbarn mit Blick über die Eroicagasse auf den Nußdorfer Friedhof mit einer Jause und einem kühlen g'spritzten Traubensaft stärken, kommen wir ins Träumen, dass hier, an diesem Ort, das Leben und der Tod ganz tabulos ineinander greifen, miteinander bestehen, selbstverständlich und akzeptabel wirken.

Nicht umsonst wird dem Wiener ein romantisches, ja gelassenes Verhältnis zum Tod nachgesagt, denken wir. Hier, beinahe am Ende der Welt, kann man die Verschmelzung der sprichwörtlichen Liebe des Wieners zu Wein und Gesang mit der Tradition des »*Pompe Funèbrerns*«, dem Gefallen am Veranstalten einer »*Schönen Leich*«*,* bildhaft spüren.

Öffnungszeiten: Jänner bis Dezember: 8:00 bis 16:00
März bis Oktober: 8:00 bis 17:30, Mai bis August: 7:30 bis 18:30
Fläche: 6.571m², Grabstellen: 1.053

INRI

PLACE 3

Poetisch

Friedhof Gersthof

START & ANREISE
1180 Wien, Möhnergasse 1
Linie 40 › Herbeckstraße

BESONDERHEITEN
Grab von Ludwig Hirsch,
historisches Empfangsgebäude (1901),
Aussicht auf den Schafberg

Wie die meisten Bezirke in Wien hat auch der in Währing liegende ehemalige Vorort Gersthof viel zu erzählen, was das Anlegen, die Erweiterung, die Schließung und die Neugründung von Friedhöfen angeht. Bereits 1497 in einer Kaufurkunde erwähnt, bestand der kleine Ort über Jahrhunderte aus weniger als 20 Häusern. Offenbar war Gersthof durch die 2. Türkenbelagerung eines der schwerst betroffenen Gebiete im Raum Wien gewesen, weswegen der Ort auf einer Landkarte aus dem 17. Jahrhundert gar nicht mehr aufscheint.

Wenngleich die Gegend neu besiedelt wurde, blieb Gersthof überschaubar klein. Im Jahre 1822 hatte der Ort gerade einmal 308 Einwohner. Im Laufe des 19. und 20. Jahrhunderts wuchs die Bevölkerung zunehmend an und damit die Schaffung von Wohnbauten sowie auch kleinen Villen, wobei das Cottageviertel im 19. Bezirk als bauliches Vorbild diente.

Der erste örtliche Friedhof in Gersthof datiert auf das Jahr 1785 (davor wurden die Toten um die Währinger Pfarrkirche, die Gertrudskirche, bestattet). Da aber sein Standort – nämlich dort, wo die Messerschmidtgasse in die heutige Gersthofer Straße mündet – mitten in der Ortschaft und umgeben von Häusern lag, wurden die Bestattungen aufgrund hygienischer Bedenken 1845 wieder eingestellt. Es kam im Jahr darauf zu einer ersten Neuanlage eines Leichenhofs um die Gersthofer Pfarrkirche am Bischof-Faber-Platz. Der Platz wurde der Gemeinde, die kaum über Geldmittel verfügte,

©Martina

von der einflussreichen Familie Popper gegen Übergabe des aufgelassenen Geländes plus der Zusage, auf dem neuen Friedhof eine Familiengruft errichten zu dürfen, überlassen. Nicht einmal eine angemessene Friedhofsmauer konnte man aufgrund monetärer Knappheit errichten. So wurde der neue Friedhof bis auf weiteres mit einem Staketenzaun eingefriedet, einer lockeren Aneinanderfügung von Holzstäben, die man üblicherweise in ländlichen Bereichen und um klassische Bauerngärten – aber inzwischen auch oft im Wiener Stadtbild – findet. Wie oben erwähnt war die Bevölkerungszunahme zwischen 1800 und 1900 so stark, dass bis 1877 auch dieser Friedhof in der Kapazität an seine Grenzen stieß und zudem die stetige Entwicklung Neu-Gersthofs zu seiner Schließung führte.

Die zweite Neuanlage, der heute nach wie vor am Alsrücken bestehende Friedhof mit seiner schönen, nordwestseitigen Aussicht auf den gegenüberliegenden Schafberg, unterlag seit seiner Einweihung 1880 etlichen Veränderungen. Um 1952 wurde trotz vorbereiteter Beerdigungsareale eine weitere Vergabe von Gräbern nicht mehr zugelassen. Ein Beschluss der Gemeinde sah vor, den Gersthofer Friedhof bis 1975 zu schließen. Dank einer Volksbefragung blieb ihm allerdings dieses Schicksal erspart. Wir treten nun durch das weiße seit ca. 1901 existierende Empfangsgebäude mit seiner historischen Kassettenfensterfront, das uns in der

Hitze des Sommers etwas Abkühlung und im Winter angenehme Wärme verschafft. Vor uns steigt das Gelände spürbar bergan. Wir halten uns links und gehen in Richtung der im Osten angrenzenden Gemeindebauanlage, wo uns der Friedhof mit einer hainartigen Atmosphäre erwartet. Von den Hauptwegen wegführend nimmt der Friedhof durch die naturbelassenen Pfade immer mehr einen Wiesen- und Feldcharakter an. Die Gräber verschmelzen mit dem mal erdigen, mal zart begrasten Boden. Von weitem erkennen wir bereits unser Ziel, die charakteristische Büste des

österreichische Liedermachers und Schauspielers Ludwig Hirsch, einer wahren Legende des Austropop. Die ikonografisch frei stehende Stele mit der bronzenen Plastik von Hirschs Haupt on top wurde vom Klagenfurter Bildhauer Marco Tomasi geschaffen und setzt dem 2011 verstorbenen Künstler hier ein würdiges Denkmal. Ab den späten 1970er Jahren wurde der gebürtige Steirer Ludwig Hirsch mit seinem Debutalbum *Dunkelgraue Lieder* und seiner typischen Kombination von sarkastischen Texten und melancholischen Melodien berühmt. Der »*große, schwarze Vogel*«, den man allegorisch wirksam auf sein Grab unter ein heranwachsendes Rosenbäumchen gesetzt hat, ist wohl die wahre Hommage an den Künstler.

Als Alter Ego erscheint uns überraschend ein kohlschwarzer Rabe über der Grabstätte, laut krächzend hält er im Gipfel eines Baumes Ausschau und scheint den Toten für immer zu begleiten. Als wir uns aufmachen, den Heimweg anzutreten, geleitet er auch uns auf dem Rückweg in der Luft von Grab zu Grab, von Baum zu Baum, bis er lautlos seine weiten, sanften Flügel ausbreitet und davon fliegt.

Öffnungszeiten: 3. November bis Ende Februar: 8:00 bis 17.00
März sowie von 1. Oktober bis 2. November: 7:00 bis 18:00
April bis September: 7:00 bis 19:00
Mai bis August: jeden Donnerstag bis 20:00
Fläche: 31.714m², Grabstellen: 1.551

©Martina

PLACE 4

Himmlisch

Friedhof Grinzing

START & ANREISE
1190 Wien, An den langen Lüssen 33
Linie 38 › An den langen Lüssen

BESONDERHEITEN
Gartenanlagenähnlich, prächtige Mausoleen, Gräber: Attila Hörbiger, Peter Alexander, Gustav Mahler uvm.

An der klingenden Adresse *An den langen Lüssen* finden wir uns vor den Toren des Grinzinger Friedhofes wieder. Der Name geht auf den sehr alten Riednamen »ze Grinczing in den Lussen«, der bereits 1315 Verwendung fand, zurück. Unsere weitere Recherche ergibt interessante Einblicke in die Geschichte des Mittelalters, wo Luß oder in der Mehrzahl Lüß bzw. Lüssen ein häufig vorkommender Riedname war. Als *lange Lüssen* wurden durch Los zugeteilte Acker- oder Weingartengrundstücke bezeichnet, die sich meist auf abfallendem Gelände in Form von schmalen, langgestreckten Parzellen erstreckten. Da bereits im 15. Jahrhundert auf der Anhöhe in Grinzing geselliges Treiben herrschte, stimmte der damalige Klosterneuburger Probst Georg Müstinger der Errichtung einer kleinen Kapelle zu. Im Jahre 1417 begannen in einem aufgelassenen Weingarten die Baulichkeiten, aus eigenen Mitteln durchgeführt von lokal ansässigen Winzern. 1426 konnte die neue Kapelle feierlich eingeweiht werden.

An Wochentagen durften die GrinzingerInnen nun hier den Gottesdiensten beiwohnen. An Sonn- und Feiertagen sowie bei gewichtigeren Ereignissen wie Hochzeiten und Taufen pilgerte man aber zur zuständigen Pfarrkirche nach Heiligenstadt hinunter. Auch die Aufnahme der Toten war damals dem um die Pfarrkirche St. Michael angelegten Friedhof in Heiligenstadt vorbehalten. Erst aufgrund der Pest wurden ab 1713 erste Beisetzungen am Gelände um die Kapelle in Grinzing durchgeführt. Es dauerte noch eine Weile, knapp 50 Jahre, bis Grinzing 1783 pfarrlich von Heiligenstadt ge-

trennt und zur eigenen Pfarre erhoben wurde. Somit wurde damals neben dem Garten des Pfarrhofes ein erster eigener Friedhof in der heutigen Mannagettagasse angelegt, der, wie es so vielen Wiener Leichenhöfen erging, bald zu klein wurde. Franz Ritter Huschka Edler von Ratschitzburg, ein Leinwandhändler und *Freyhofbesitzer zu Grinzing* stiftete infolge den GrinzingerInnen ein Grundstück von 2.867 Quadratmetern zur Errichtung eines neuen Friedhofes, die Fläche wurde seitdem durch weitere Ankäufe der Gemeinde als auch durch eine weitere Stiftung der Geschwister Budinsky im Jahre 1901 erweitert.

Eine Größe von 45.265 Quadratmetern misst der Grinzinger Friedhof heute, seit 1917 werden auch die Toten, die im Oberdöblinger Friedhof keinen Platz mehr finden, hier begraben. Und sie liegen fürstlich – die Anlage weist über 50 Ehrengräber auf, hier findet und fand die Crème de la Crème Wiens ihre letzte Ruhestätte. Wir finden hier die Gräber von berühmten Komponisten wie Gustav Mahler, von Schauspielern wie Attila Hörbiger, von Dichtern wie Heimito von Doderer. Ebenso finden wir opulent gestaltete Grabstätten von Architekten und Politikern Wiens.

Beim Betreten der Anlage durch die Aslangasse, wo der Friedhof ebenso einen Zugang hat, halten wir uns zunächst links und wandern zuerst die Randgruppen bergauf ab.

Wir spazieren am späteren Nachmittag hier der Sonne und den höher gelegenen Weinbergen entgegen und stoßen an einen niedrigen Bretterzaun, der den Friedhof westlich hin zum Rosenweg begrenzt. Sehr rasch fällt uns die Vielfältigkeit der Niveauunterschiede des Geländes auf. Über »*Berg und Tal*« verlaufen die Gräberreihen manchmal geradlinig, dann arrangiert in quadratischen Blöcken, dann wiederum in weit angelegten Bögen. Aus der Vogelperspektive betrachtet mutet die Fläche wie der Sitzplan eines pompösen Theaters an, mit all seinen Kategorien, dem Parkett, dem

©Martina

Circle, den Rängen, den Logen. Es passt wunderbar, dass hier so viele Persönlichkeiten des kulturellen Wiens ihre letzte Ruhestätte gefunden haben. Wie das Leben selbst, so weiß der Wiener auch die andere Seite des Lebens, den Tod, zu feiern und ihm respektvoll seine Referenz zu erweisen.

Die Bepflanzung und Vegetation des hügeligen Geländes wie auch der Gräber ist hier so vielfältig, dass der Grinzinger Friedhof beinahe wie ein herrschaftlicher botanischer Garten wirkt, in dem neben unzähligen attraktiven Pflanzen die Königin der Blumen, die Rose, ihren fulminanten Auftritt hat. Immer wieder findet man wunderschön gewachsene, kräftige Rosenstöcke deren üppige tiefrote, pinke oder zartrosa Blüten den Grabsteinen und ihren Trauerskulpturen beschützend zur Seite stehen. Im Zusammenspiel mit den imposanten Grüften, die malerisch über den Friedhof verteilt wie kleine Minikathedralen in den endlosen Himmel emporragen, verleihen sie dem Ort eine unvergleichlich märchenhafte Aura. Hier, in den ehemaligen Weingärten, an den langen Lüssen lang vergangener Tage, wähnt man sich als Besucher bereits zu Lebzeiten – fast schon im Himmel.

Öffnungszeiten: 3. November bis Ende Februar: 8:00 bis 17:00
März sowie von 1. Oktober bis 2. November: 7:00 bis 18:00
April bis September: 7:00 bis 19:00
Mai bis August: jeden Donnerstag bis 20:00
Fläche: 42.162m², Grabstellen: 3.233

PLACE 5

Aussichtsreich

Pfarrfriedhof Kahlenbergerdorf

©Martina

START & ANREISE
1190 Wien, Willibald-Fischer-Weg
Linie 400 › Kahlenbergerdorf
(25min. Gehzeit zum Ausgangspunkt)

BESONDERHEITEN
Kleiner Bergfriedhof, unüberbietbare Aussicht (Donau und Leopoldsberg)

Wien ist bekanntlich eine der lebenswertesten Städte weltweit, die wie wenige Metropolen sonst unzählige Parks und Grünflächen vorweisen kann. Dennoch zieht es den Städter hie und da nach draußen, in die Erholung versprechende Natur. Auch hier ist dem Wiener das Glück hold, muss er doch keine Tagesreise antreten, um den Wald- und Wiesensehnsüchten beizukommen. Kurzentschlossen machen wir einen Ausflug nach Döbling, wo das *Kahlenbergerdorf* den nördlichsten Teil des 19. Wiener Gemeindebezirks darstellt. Zwischen Nußberg und Leopoldsberg im schmalen Waldbachtal gelegen, konnte das kleine Kahlenbergerdorf seinen mittelalterlichen Ortscharakter bewahren, der heute Touristen aus aller Welt anzieht.

Wir aber suchen uns einen ruhigen, vom Trubel abgelegenen Pfad, um die Gegend im Rahmen eines abendlichen Spaziergangs zu erkunden. Ausgehend von der Pfarre Kahlenbergerdorf nehmen wir den Jungherrnsteig am südlichen Rande des Ortes und gehen steil bergauf. Während zu unserer Rechten die Weinberge ansteigen, reihen sich linkerhand alte und moderne Villen mit ihren hübschen Gärten, die wir im Vorübergehen bewundern. Wir erreichen am oberen Ende des Jungherrnsteigs eine alte, steinerne Treppe, die in den Wald führt – die Sonnenstrahlen hinter dem kleinen Wäldchen vor Augen, treibt uns die Neugier auf die vermutlich dahinter liegenden Wiesen voran. Vorbei an zwei düster gelegenen Forsthäusern treten wir nach kurzer Zeit

tatsächlich auf eine in helles Licht getauchte, von blühenden Kirschbäumen und Fliederbüschen gerahmte Wiese, die so steil ansteigt, dass wir noch einmal wissen wollen, was uns hinter dem Horizont erwartet. Nachdem wir die Kuppe erreicht haben, flacht das Gelände zu unserer Freude ab. Vor uns zeichnet sich in naher Ferne – wie es scheint – ein idyllisch gelegener, von einem uralten, unregelmäßig gezogenem Holzzaun umgebener Garten ab. Vielleicht ein kleines Häuschen, das einst den Arbeitern in den Weinbergen als Behausung gedient hat?

Als wir näher kommen, wird es erst deutlich: inmitten der hochgewachsenen gelben Gräser, unter der heißen Julisonne, eingetaucht in das schrille Zirpen der Grillen entdecken wir hier, steil über der blauen Donau und hoch über dem Kahlenbergerdorf, einen kleinen Bergfriedhof. Im Mai 1876 wurde der mitten in den Weinbergen gelegene Pfarrfriedhof geweiht. Mit seiner einzigartigen Aussicht auf den Leopoldsberg gegenüber und mit Blick gen Osten, der über den Kirchturmspitz der im Dorf gelegenen Kirche bis weit über das Wiener Becken reicht, ist dieser Friedhof mit Abstand der am beeindruckendst gelegene im Raum Wien. Ursprünglich um die Kirche im Ort, dem heutigen Kirchhof angeordnet, wurde der frühere Friedhof des Kahlenbergerdorfes 1832 als Cholerafriedhof in den Pfarrweingarten oberhalb des Gotteshauses verlegt und bis 1860 zweimal erweitert, bis er seine heutige Einfriedung in der Riede Reisenberg erhielt. Wie auch das bereits 1133 urkundlich erwähnte Kahlenbergerdorf selbst, ist der Friedhof größenmäßig überschaubar geblieben, was zu seinem besonderen Charme beiträgt.

Aufgrund der Lage direkt am Donauufer litt das Dorf immer wieder unter der Hochwasserproblematik inklusive arger Überschwemmungen. Dieser Umstand könnte zusätzlich erklären, weshalb die Toten später weitab oben am Berg bestattet wurden.

Eingebettet in Wiesen und Weingärten, bietet der kleine Bergfriedhof vielen Tieren, darunter vor allem Insekten wie Hummeln, Bienen und Schmetterlingen einen einzigartigen Lebensraum. Die Aussicht genießend verlieren wir uns im Beobachten des Tanzes unzähliger Kohlweißlinge über den mit Flieder bepflanzten Gräbern und lauschen der bunten Akustik der Natur. Beim Antreten des Heimweges passieren wir die letzte Ruhestätte der österreichischen Schauspielerin Marisa Mell, die als Filmschönheit in den 1970er Jahren an der Seite von Filmlegenden wie Tony Curtis und Marcello Mastroianni Weltruhm erlangte. Sie starb verarmt. Auch Werner Schimanko, Hotel-, Nachtclub- und Barbesitzer, eine der schillerndsten Persönlichkeiten des Wiener Nachtlebens, hat 2005 die ewige Ruhe am Pfarrfriedhof Kahlenbergerdorf gefunden.

Auf dem Weg zurück in den Ort gehen wir nun nicht mehr über Wiesen und Wald, sondern spazieren direkt über den Willibald-Fischer-Weg und die Eisernenhandgasse etwa 20 Minuten steil bergab, überqueren den Sankt-Georg-Platz und erreichen über die Wigandgasse die Pfarrkirche. Somit haben wir eine kurze, abendliche Rundwanderung gemacht, dabei spürbar einige Höhenmeter zurückgelegt und – ein kleines Paradies für die Ewigkeit gefunden.

Öffnungszeiten: stets begehbar
Fläche: 2.812 m², Grabstellen: 388

Cajetan Miserowsky
K.K. Baurat
Amalie Miserovsky

PLACE 6

Stilvoll

Friedhof Hadersdorf-Weidlingau

START & ANREISE
1140 Wien, Friedhofstraße 12
Linien S50, 50A, 450 › Wolf in der Au

BESONDERHEITEN
Mausoleum Herzmansky im Stil der Wiener Sezession, Denkmalkreuz, Gruft Michael Etienne (Presse)

Im Südwesten des 14. Bezirks, im Ortsgebiet Mariabrunn, liegt der kleine 1875 eingeweihte Friedhof Hadersdorf-Weidlingau zwischen dem Bierhäuslberg und den südlich angrenzenden Gleisen der Westbahn, was ihn nicht gerade zum stillsten aller Orte macht. Trotz der hie und da passierenden Züge liegt er aber idyllisch und gefällt mit seiner angenehm leichten Hanglage und seinen hübsch angelegten Grabstätten. Hier finden wir das obligate Friedhofskreuz als Denkmal mit einem strahlend weißen Jesus, im Hintergrund die opulente Grabanlage des 1879 verstorbenen Journalisten und Publizisten Michael Etienne, dem ehemaligen Gründer und Herausgeber der *Neuen Freien Presse* in Wien.

Ebenso wie viele andere Zeitgenossen des Vormärz trat auch Etienne schon früh überzeugt für die Pressefreiheit ein. Dies führte im Jahre 1849 zu einer Gefängnisstrafe und nach der Freilassung zu seiner Flucht nach Paris. Dort angekommen, befand er sich allerdings in hervorragender Gesellschaft. Bereits einer der berühmtesten deutschen Lyriker und Journalisten, Heinrich Heine, hatte seine Wirkungsstätte aufgrund der strengen Zensur und des ihm immer wieder entgegenschlagenden Antisemitismus ab 1831 von Deutschland nach Paris verlegt, wo Michael Etienne 1851 in Kontakt mit ihm trat. Etienne, der sich durch seine umfangreiche, fundierte Bildung, sein kohärentes Denken und eine zudem poetische Sprache auszeichnete, kehrte im Jahre 1855 nach Wien zurück und wurde nach seinem Tode hier beerdigt.

©Martina

Neben Michael Etienne ist der wohl bekannteste am Hadersdorfer Friedhof Bestattete der frühere Unternehmer August Herzmansky und dessen Familie. Der aus Tschechien stammende Herzmansky hatte 1863 sein bekanntes Stoffwarengeschäft an der Ecke Stiftgasse/Mariahilfer Straße errichtet. *»Unter besonderer Berücksichtung des international beliebten Wiener Geschmacks«* wurden Seidenstoffe und Modewaren zu einem gleichbleibend günstigen Preis angeboten.

Noch heute ist die historische Fassade des Kaufhauses in der Stiftgasse im 7. Bezirk zu besichtigen. Seit 1998 beheimatet das Gebäude allerdings die Düsseldorfer Modekette Peek&Cloppenburg. Das Grabmal von Johann und Eduard Herzmansky, die nach dem Tode ihres Onkels die Geschäfte übernommen hatten, befindet sich in der 1907 von Maximilian Hegele im Wiener Sezessionsstil entworfenen zentral am Hadersdorfer Friedhof errichteten Kapelle. Auch Hegele selbst, der sich als Architekt des Jugend- und Heimatstils einen Namen gemacht hatte, liegt ehrenhalber hier begraben. Hegele zeichnete für weitere imposante Bauwerke wie die Dr. Karl Lueger Gedächtniskirche (heute Friedhofskirche zum heiligen Karl Borromäus) am Zentralfriedhof, die Fillgraderstiege im 6. Bezirk sowie die Flötzersteigbrücke verantwortlich. Die für den Hadersdorfer Friedhof entworfene Kapelle, die gleichzeitig als Herzmanskysches Mausoleum dient, fällt uns auch im beiläufigen Vorbeischlendern mit ihrem besonderen Liebreiz sofort auf. Durch seine kompakte der Fläche des Friedhofes angemessene Größe fügt sich das hübsche Gebäude harmonisch und doch auffallend schön in die Umgebung ein. Auf das strahlende Weiß der Mauern setzt sich als Highlight das helltürkise Kupferdach mit seitlich herablaufenden gleichfarbig gehaltenen Regenabflussrohren im Jugendstil. Die an allen vier Ecken angebrachten räumlichen Auslassungen, wie kleine Pergolen mit Holzbalken als Kletterhilfe für et-

waige Rankengewächse versehen, bringen eine luftig-leichte Optik mit sich. Verlassen wir das Friedhofsgelände durch das Tor seitlich des Verwaltungsgebäudes, fällt uns linkerhand ein Hinweisschild zum Schutzhaus Laudonwiese auf. Wir überlegen uns, kurz einzukehren und die eben erworbenen Eindrücke mit Muße auf uns wirken zu lassen. Im Zusammenhang mit unserem Friedhofsbesuch steht aber noch ein weiteres, spannendes Ziel an – der Namensgeber des Schutzhauses, Feldmarschall Gideon Ernst von Laudon, einer der verdientesten Generäle Maria Theresias, der sich vor allem im steten Kampf gegen die Osmanen bewährt hatte, wurde in den angrenzenden Wäldern nahe seines 1776 erworbenen Wasserschlosses bestattet. Entgegen seinem Wunsch, sein Grab mit den auf seinen Feldzügen erstandenen islamischen Reliefs schmücken zu lassen, ließ seine ob dieser Idee entsetzte Gattin ein klassisches Grabmal mit den üblichen Erfolgsinsignien, einem trauernden Ritter und Ruhmeslorbeeren, errichten. Die mitgebrachten Tafeln des Generals ließ seine Witwe einstweilen in einer Ecke des Gartens auf dem Gut als Deko-Element in den Hintergrund verschwinden.

Öffnungszeiten: 3. November bis Ende Februar: 8:00 bis 17:00
März sowie von 1. Oktober bis 2. November: 7:00 bis 18:00
April bis September: 7:00 bis 19:00
Mai bis August: jeden Donnerstag bis 20:00
Fläche: 13.229m², Grabstellen: 930

PLACE 7

Weinselig

Friedhof Hernals

START & ANREISE
1170 Wien, Leopold-Kunschak-Pl. 7
Linie 42A › Hernalser Friedhof

BESONDERHEITEN
Weinbergatmosphäre, musikalische Friedhofsgeschichten, schöne Aussicht, gemütliche Sitzbänke, Arkadengruften

Der heutige Hernalser Friedhof, der über den offen gelegenen Leopold-Kunschak-Platz für den Besucher schon weithin sichtbar ist, empfängt uns mit seiner imposanten im gotischen Stil erbauten Fassade. Als Anregung des Entwurfs von Stadtbaumeister Johann Pflaum diente der *Münchner Aktienfriedhof*. Bei der Errichtung des Wiener Friedhofes zwischen 1870 und 1872 wurden aber etliche individuelle Änderungen und Anpassungen vorgenommen. Die besondere Qualität dieses Ortes, das bemerken wir überraschend schnell, ist eine Kombination aus pompöser Architektur und atmosphärischer Leichtigkeit. Verwaltungsgebäude und Aufbahrungshalle sind zu beiden Seiten von steinernen Grufthallen flankiert, die sich gestalterisch im aufsteigenden Gelände des Friedhofes rechtwinkelig zum Hauptgebäude diesem gegenüberliegend wiederholen. Seit 1891 wurde das Gelände immer wieder ausgebaut, bereits Ende des 19. Jahrhunderts war der Friedhof weitgehend von Wohngebieten umgeben, weswegen zusätzliche Erweiterungspläne ursprünglich verworfen und die Verlegung des Friedhofes angedacht wurde.

Tatsächlich wurde die Friedhofsfläche aber bis 1930 immer wieder erweitert; bereits Anfang des 20. Jahrhunderts war die Belegung so hoch, dass die Grabgebühr für nicht in Hernals beheimatete Personen um ein Vielfaches der Normalgebühr gehoben wurde um dem Platzmangel beizukommen. Trotz seiner beeindruckenden Größe hat der Hernalser Fried-

©Martina

hof den besonderen Charme des vormals als Weinanbaugebiet genützten Südhanges am Schafberg nicht verloren – ganz im Gegenteil: Mit einer Fläche von etwa 16ha und ihren 21.000 Grabstätten lädt die Anlage zum Flanieren und Verweilen ein.

Über das gesamte Friedhofsgelände – auf verschiedenen Etagen gesetzt – als solitäre Ruheoasen oder auch gesellig aneinander gereiht, befinden sich idyllisch gelegene Bankerl, von denen aus wir die herrliche Aussicht über den Süden der Stadt bis zum Wienerwald genießen können. Unser Blick fällt auf die ins Lesen Vertieften, Jausnenden, Verliebten, die stillen Sonnenanbeter und Plaudernden, die uns zur Vorstellung verleiten, uns eher in einem Park voller Geschichten als in einem leblosen Garten der Toten zu befinden. So schön greifen das lebhafte Treiben und die letzten Ruhestätten ineinander, dass der Tod sich gar nicht mehr so stark tabuisiert anfühlt.

Begräbnisstätten sind eines der ursprünglichsten Zeugnisse menschlicher Zivilisation – bereits in der frühen Steinzeit war es den Menschen ein Anliegen, die Verstorbenen zu bestatten und ihrer zu gedenken. Mit der Sesshaftwerdung entstanden über die Jahrtausende unterschiedlichste Riten und Kulte in Zusammenhang mit dem Sterben und Bestattet-werden. Ob Megalithgräber, Nekropolen wie das Tal der Könige in Ägypten, Katakomben im alten Rom oder die keltisch-germanische Tradition entlegener Gräberfelder – die meisten Grabstätten lagen schon in früherer Zeit abseits der bewohnten Gebiete. Erst ab der Christianisierung wurden die Toten im geweihten Bereich, in den Kirchen und den sie umgebenden Kirchhöfen bestattet. Man wollte den Reliquien der Heiligen – überhaupt dem Sakralen – so nahe wie möglich sein und erhoffte sich dadurch eine erhöhte Chance auf Erlösung. Erst ab dem 18. Jahrhundert, aufgrund von Seuchen und voranschreitendem Platzmangel,

©Martina

sah man sich gezwungen, die Toten wieder außerhalb der Orte und Städte beizusetzen, der Pietät halber stets mit einer Filialkirche vor Ort. Trotz der Schaffung des Wiener Zentralfriedhofes wurde der Bestand 45 weiterer Friedhöfe in Wien gesichert, die vor allem auch die lokale Geschichte der Wiener Vorstädte sichtbar werden lassen.

Und die ist in Hernals besonders weinselig – und zwar im fröhlichsten Sinne! Hernals, die Heimat der berühmten Schrammelmusiker, durch den Alszauberbrunnen am Elterleinplatz monumental verewigt, lässt auch am Friedhof diese Tradition noch aufleben. Mit Geige, Gitarre und Mundharmonika werden uns besinnlich-musikalische Friedhofsgeschichten bedeutsamer Persönlichkeiten dargeboten. Die Gebrüder Schrammel und der Sänger Hansi Lang liegen in Hernals, die einzigartige Kinderbuchautorin Christine Nöstlinger, an die wir uns gerne erinnern und Josef Bratfisch, der aufgrund seiner Begabung zum Singen und Kunstpfeifen von Kronprinz Rudolf zu dessen Leibfiaker auserkoren wurde.

Bei unserem nächsten Besuch werden wir uns in der Nachmittagssonne auf einem der hübschen Bankerl niederlassen und uns im Andenken an die himmlischen Hernalser mit einem Achterl zuprosten.

Öffnungszeiten: Montag bis Sonntag: 7:00 bis 19:00
Fläche: 169.531 m², Grabstellen: 10.751

PLACE 8

Paradiesisch

Friedhof Weidling

START & ANREISE
3400 Weidling, Lenaugasse 30
Linie 401 › Weidling Kirche
oder Friedhof

BESONDERHEITEN
Schöner Landfriedhof, alte Gräber,
idyllische Lage am Weidlingbach

Nördlich von Wien zwischen Heiligenstadt und Klosterneuburg in einem lang gezogenen Tal, das mit der Reichergasse in einem Zugang zum *Naturpark Eichenhain* endet, liegt der idyllische Ort Weidling. Die heutige zu Klosterneuburg gehörige Katastralgemeinde ist das nächste Ziel auf unserer Friedhofsreise und ein besonderer Geheimtipp. Im Jahre 2008 feierte Weidling sein 900-jähriges Bestehen. Über viele Jahrhunderte hat die beschauliche Ortschaft so mancher Widrigkeiten getrotzt, die Pestepidemien der jüngeren Neuzeit haben den kleinen Ort beinahe ausgerottet. Doch es ging bergauf, von 8 zuletzt verbliebenen Einwohnern ist der Ort bis heute auf ca. 3.300 Bewohner angewachsen.

Wo die Weidlinger in der alten Zeit – vor der Einpfarrung in die Gemeinde Klosterneuburg – ihre Toten begraben haben, ist ungewiss. Die ursprüngliche Mutterpfarre St. Martin lag für Bestattungen zu weit entfernt. Ein sehr alter Riedname,

»Fraithöfl«, der in der so genannten *Weidlingeben* auftauchte, könnte ein Hinweis sein, belegt ist diese Vermutung aber nicht. Viele ehemalige Friedhöfe wurden in Wien aufgrund späterer Grabungen und im Zuge der Errichtung von neuen Anlagen offen gelegt – darauf kommen wir in unserem Büchlein an anderer Stelle noch zurück. Einen solchen Zufall gab es im ländlich gebliebenen Weidling nicht. Ein eigener Weidlinger Friedhof existierte aber auf alle Fälle bereits in der Zeit vor dem Dreißigjährigen Krieg, also vor 1618. Dies lässt sich anhand von alten Testamenten aus der

Region belegen. Während der Pestzeiten von 1339 und 1720 wurde wie überall in den betroffenen Gebieten auch in Weidling ein Pestfriedhof und das so genannte Pesthäusl außerhalb des Ortes errichtet. Hierher wurden die Erkrankten zum Sterben geschickt – bereits im ersten Jahr der Seuche gab es 79 Tote. In der Nähe des ehemaligen Pesthäusls wurde von den Weidlingern bald eine Säule mit Andachtsbild errichtet, an deren Stelle später die *Heiligenkreuzkapelle* entstand. Aufgrund des Verbotes von Nebenkirchen durch Kaiser Joseph den II. wurde die Kapelle 1787 abgetragen und statt dessen das heutige im mittleren Teil des Friedhofes befindliche untermauerte Friedhofskreuz aufgestellt.

Auf das Kruzifix gehen wir zu, wenn wir den Friedhof durch das mittlere, hübsch geschwungene, schmiedeeiserne Tor betreten. Zwischen uns und ihm liegen zwei alte, imposante Gräber, die wir umrunden, um direkt davor zu stehen zu kommen. Der Weidlinger Friedhof liegt von der Lenaugasse her abschüssig und verläuft leicht bergab in Richtung des Weidlingbaches, der das Gelände vom gegenüberliegenden steil aufsteigenden Wald natürlich abgrenzt. Mit seinen Grabdenkmälern im Stile des Historismus und des Biedermeier steht er unter Denkmalschutz. Still betrachten wir die Inschrift am Sockel des sich gegen die dunklen Bäume im Hintergrund emporhebenden Kreuzes: *»Selig sind die Toten, die im Herrn sterben«* – während wir dem leisen und beruhigenden Plätschern des Baches lauschen. Die hinter dem Kreuz in Richtung der im unteren Friedhofsteil liegenden Gräber sind so eng aneinander gereiht, dass man dazwischen kaum durchkommt, ohne die Grabsteine zu betreten. Hier sieht man anhand der sich immer wieder aufbäumenden Einfriedungen, dass wir uns im alten Teil des Friedhofes befinden. Die Unregelmäßigkeit der angelegten Gräber schafft eine besondere Stimmung. Ferdinand Raimund hat hier am Weidlinger Friedhof 1827 den 2. Akt seines Zauberspiels »Moisasurs Zauberfluch« zu schreiben

begonnen. Königin Alzinde, Herrscherin über das Diamantenreich, lässt den Tempel des Dämons Moisasur zerstören, der daraufhin das Reich und die Monarchin verflucht. Die Premiere fand im selben Jahr am *Theater an der Wien* statt und war das erste zur Aufführung gelangte nicht parodiesierend komödiantische Bühnenstück des Dramatikers.

Kein Wunder, dass Raimund hier zu seinem Zauberspiel inspiriert wurde. Stundenlang kann man auf der Wiese sitzen oder an einem Grabstein verweilen und sich der mannigfaltigen Geräuschkulisse der Natur und der steigenden inneren Ruhe hingeben. Ganz besonders reizvoll ist ein Besuch zu Ostern. Wie es für einen kleinen Landfriedhof üblich ist, sind die Gräber liebevoll mit Ostersträußen und bunten Eiern geschmückt. Die Gräber wirken das gesamte Jahr hindurch aufmerksam betreut, anders als auf vielen großen Friedhöfen Wiens, auf denen die Gräber oft verfallen oder professionell betreut werden. In Weidling bietet die benachbarte Friedhofsgärtnerei auch außerhalb ihrer Öffnungszeiten am Areal des Friedhofes Gestecke und Sträuße an, je nach Jahreszeit. Bezahlt wird per bereitgestelltem Marmeladeglas. Das uns entgegengebrachte Vertrauen berührt uns – hier, in diesem kleinen Paradies, denken wir, lässt sich das ewige Leben bestens verbringen.

Öffnungszeiten: 1. Mai bis 15.September: 6:00 bis 19:00
16. September bis 30. April: 6:30 bis 17:00

EINSTECK-
TUCH
Der leichtgewichtige Begleiter aus 100 % Bio-Baumwolle ist als Bade-Hand-Sauna-Wickel-Liege-Yoga-Picknick-Halstuch immer dabei.
In 33 Farben und zwei Größen erhältlich. www.lestoff.eu.
LeStoff
...the smarter towel
LeStoff
GLOBAL ORGANIC TEXTILE STANDARD · GOTS ·

PLACE 9

Exotisch

Jüdischer Friedhof Seegasse

START & ANREISE
1090 Wien, Seegasse 11 (im Hof)
Linie D › Seegasse

BESONDERHEITEN
Ältester bestehender Friedhof Wiens, Hebräische Grabinschriften, Rabbinergräber der jüdischen Gemeinde

Als ältester noch erhaltener Friedhof Wiens ist der jüdische Friedhof Rossau, wie er auch genannt wird, ein europaweites Unikum. Dass er die josephinischen Reformen von 1784, die die Schließung aller Friedhöfe innerhalb des Linienwalls zur Folge hatten, überlebt hat, verdankt er drei jüdischen Brüdern und der Halacha, dem jüdischen Gesetz. Über Jahrhunderte litt die jüdische Bevölkerung in Wien immer wieder unter Ausgrenzung und Vertreibung. Als im Jahr 1670 unter Leopold dem I. neuerlich ein Progrom gegen die jüdische Gemeinde erlassen wurde und damit die Vertreibung aus der Stadt drohte, wurde der 1570 angelegte jüdische Friedhof in die Obhut des Magistrates übergeben, natürlich nicht kostenlos. Die Brüder Israel, Enoch und Isak Fränkel, deren Vater Koppel Fränkel erst kurz zuvor auf dem Friedhof bestattet worden war, schlossen sich zusammen, legten 4.000 Gulden aus und verpflichteten damit die Stadt Wien, die Liegenschaft im »Gassel allwo der Juden Grabstätte«, wie die Anschrift damals lautete, zu erhalten. Der Vertrag wurde übrigens 1978 unter dem Wiener Bürgermeister Leopold Gratz neuerlich bestätigt. Ein Wunder und ein Glück, dass der Vertrag so lange hielt – denn die Halacha, die mit ihren 613 *Mizwot* (Geboten) eine Rechtsgrundlage des jüdischen Glaubens darstellt, sieht immerhin eine Bestattung jüdischer Gemeindemitglieder auf immerwährende Zeit vor. Die Totenruhe darf unter keinen Umständen gestört werden. So geschützt und erhalten, ging das Grundstück 1696 in das Eigentum eines der wohlhabendsten Männer seiner

Zeit über, des damaligen Hofbankiers Samuel Oppenheimer. Er ließ die durch die Türkenbelagerung beschädigte hölzerne Einfriedung des Friedhofes durch eine Steinmauer ersetzen, veranlasste die Neueröffnung und initiierte den Bau eines angrenzenden Altenheimes. Bis zu seiner Auflassung 1783 diente der Friedhof als Hauptbegräbnisstätte der Wiener Jüdischen Gemeinde, viele wichtige Rabbiner ruhen hier. Nach jüdischer Tradition werden sie noch heute von Gläubigen aus aller Welt besucht. Man betet zu Ihnen und berichtet, wie es einem beruflich und gesundheitlich ergeht. Neben dem »Wichtigsten unter den Wichtigen und dem Bekanntesten der Bekannten«, wie auf dem Grabstein von Rabbi Sabbatai Scheftel geschrieben steht, liegt auch Samuel Oppenheimer selbst hier begraben.

Auch wenn derzeit die Möglichkeiten für einen Besuch tête-à-tête mit den Grabsteinen im Innenhof des heutigen Pensionistenwohnhauses Rossau aufgrund der anhaltenden Renovierungsarbeiten sehr schwierig bis unmöglich ist, lohnt es sich, vorbeizuschauen. Von einem das Gelände umgebenden, erhöhten Steg aus lassen sich die an ihrem ursprünglichen Standort wieder errichteten Grabsteine wunderbar überblicken. Dass überhaupt etwas zu sehen ist, ist der Stadt Wien, der Israelitischen Kultusgemeinde und dem Bundesdenkmalamt zu verdanken, die sich der Instandsetzung des uralten Friedhofsgeländes verschrieben haben.

Seine diffizilste Phase hatte der Friedhof wohl zur Zeit des NS-Regimes – den Nationalsozialisten lag der Erhalt klarerweise nicht am Herzen, es wurde beschlossen, die Fläche zu verbauen. Bei der näheren Untersuchung des Geländes im Zuge der Renovierungsarbeiten entdeckte man, dass – um zumindest einen Teil der Grabdenkmäler vor dem Untergang zu retten – viele der Grabplatten in Schichten etwa einen Meter unter der Erdoberfläche direkt vor Ort vergraben worden waren. Die ersten zum Friedhof gehörigen Grabsteine entdeckte man allerdings anderswo – verborgen im

Erdreich des Wiener Zentralfriedhofes. Jemand hatte sich die Mühe gemacht, die schweren Steine dorthin zu bringen, um die Erinnerung an die Verstorbenen zu wahren. Das Abtragen und Verstreuen der Grabsteine stellte die Unternehmungen zur Wiederherstellung des Areals in der Seegasse daher vor einige Schwierigkeiten. Die Zuordnung der Steine an ihren ursprünglichen Standort wird nun nach einem Plan von 1917 vorgenommen. Derzeit thronen die schlicht geformten aber opulent beschriebenen Grabsteine im saftigen Grün der Wiese und verbreiten einen ganz besonderen, exotischen Charme. Die sanften, runden Formen der Steine und die hebräischen Inschriften wirken wie Artefakte aus einer uralten, fernen Zeit.

Sollten die Renovierungsarbeiten abgeschlossen sein, wird der jüdische Friedhof in der Seegasse, die ihren Namen übrigens nach einem dort im 14. Jahrhundert befindlichen Fischteich bekommen hat, außergewöhnliches touristisches Potential haben. Er könnte aufgrund der jahrhundertealten Grabsteine zu einem der geschichtlich wertvollsten Begräbnisstätten Europas werden. Weltweit wird der Wiener Jüdische Friedhof in der Roßau der einzige Friedhof sein, der sein ursprüngliches Erscheinungsbild trotz der Ära der Nationalsozialisten erhalten konnte.

Öffnungszeiten: Täglich 7:00 bis 15:00 (wie Pensionistenheim); während Coivd-19-Beschränkungen kein Zutritt; Fläche: 2.300m²

PLACE 10

Animalisch

Friedhof Neustift am Walde

START & ANREISE
1180 Wien, Pötzleinsdorfer Höhe 2
Linie 41A › Neustifter Friedhof 3. Tor

BESONDERHEITEN
Tiererlebnispfad, Bergfriedhof, Wandmosaik an der Aufbahrungshalle von Friedrich Fischer, Gästebuch

Die hügelige Topographie der äußeren Wiener Bezirke mit ihren an die hundert Anhöhen beschert uns erfreulicherweise immer wieder malerisch gelegene städtische Friedhöfe. Der Neustifter Friedhof, der in einer kleinen Broschüre auch als »Umweltfriedhof Neustift« bezeichnet wird, nimmt eine ganz besondere Stellung im Rennen um eine der besten Lagen ein. Ähnlich wie auch der Gersthofer Friedhof liegt er nordöstlich ausgerichtet, allerdings schattiger und mit einzigartigem Blick auf die unverbauten gegenüberliegenden Weinberge der Salmannsdorfer Höhe. Das heute ungefähr 15ha große Areal zieht sich der Länge nach terrassiert die Pötzleinsdorfer Höhe bis zum westlich angrenzenden Wald hinauf.

Ab 1880 wurde der Friedhof, der dem ursprünglich in der Flur *Opferkolben* (Rathstraße 1) beheimateten folgte und zur Bestattung der Neustifter und Salmannsdorfer gedacht war, belegt. Der alte, nahe dem Krottenbach gelegene Friedhof hatte eine hoch problematische Lage; die Särge konnten aufgrund des damals hohen Grundwasserspiegels nur in geringer Tiefe beigesetzt werden und schwammen oft schon direkt beim Hinablassen ins Grab auf. Die Feuchtigkeit verlangsamte zudem den Verwesungsprozess des Leichnams dermaßen, dass ununterbrochen Seuchengefahr für die umliegenden Gebiete bestand. Aus diesem Grund wurde die Neuerrichtung eines Friedhofes auf der sogenannten *Hutweide* im 19. Jahrhundert genehmigt.

Bis die Neustifter und Salmannsdorfer allerdings überhaupt zu einem eigenen Friedhof kamen, vergingen Jahrhunderte. Ursprünglich gehörte die Gemeinde ebenso wie Grinzing und Sievering zur Pfarre Heiligenstadt, 1348 wurde Neustift nach Obersievering eingepfarrt. Wir können uns heute kaum mehr vorstellen, mit welchen Widrigkeiten und Intrigen die Bevölkerung seinerzeit konfrontiert war, wollte sie dem Gottesdienst in der meist entlegenen nächsten Pfarrkirche beiwohnen. So ist uns überliefert, dass die Gemeinde Neustift 1473 mit der Zustimmung des Bischofs von Passau um die Errichtung einer Kapelle gebeten hatte, da der Weg zur Sieveringer Pfarrkirche vor allem im Winter äußerst beschwerlich und außerdem aufgrund von hungrigen Wolfsrudeln lebensgefährlich war. Der Bau dürfte allerdings am Unwillen des damaligen Sieveringer Pfarrers gescheitert sein.

Heute, sieben Jahrhunderte später, denken wir, gibt es genug Kirchen in Wien für die wenigen, die sie noch regelmäßig besuchen. Und bedroht sind heute weniger wir, als viele Pflanzen- und Tierarten – vor allem im urbanen Raum. Diese Erkenntnis hat die *Friedhöfe Wien* dazu veranlasst, eine Umweltkampagne zum Schutz der Artenvielfalt ins Leben zu rufen. Mit »*Gemeinsam.Sorgsam*« wird die eigene Verantwortung gegenüber Natur und Umwelt sehr ernst genommen und werden die Möglichkeiten, die die riesigen Flächen der Wiener Friedhöfe mit ihrer vielfältigen, insektizidfreien Bepflanzung bieten, ideal ausgeschöpft. Der Wiener Zentralfriedhof war übrigens der erste, auf dem Bienenstöcke aufgestellt wurden. Die großen Baumalleen mit ihren Linden, Buchen, Kastanien und Platanen bieten den Bienenvölkern hervorragende Futterquellen und einen weitgehend ungestörten Lebensraum. Den friedhofseigenen Honig kann man im *Bestattungsmuseum* oder direkt im Friedhofsshop des Zentralfriedhofes erwerben. Zumindest das Konzept, Bienenstöcke auf Friedhofsarealen zu positionieren, hat schon einige Nachfolger gefunden.

©Martina

Inzwischen summen die fleißigen Insekten auch auf dem St. Marxer, dem Stammersdorfer, dem Hietzinger und dem Südwestfriedhof. Der Neustifter Friedhof aber wartet zusätzlich für Groß und Klein mit einem ganz besonderen Feature auf: einem 12-teiligen Tiererlebnispfad, der mit vielen Informationstafeln über das Kreuchen und Fleuchen von Eidechsen, Feuersalamandern, Fledermäusen, Singvögeln & Co. aufklärt. Im hintersten, besonders ruhigen Teil des Friedhofes, dem sogenannten *Bergfriedhof*, entdecken wir etliche an Bäumen angebrachte Nistkästen. Überall finden sich Futterbüsche, kleine Steinhaufen und Tränken, um den hier lebenden Tieren ein möglichst ursprüngliches, ungestörtes Habitat zu bieten.

Als hätten wir den Gipfel eines 2000ers erreicht, finden wir sogar ein in einem Baumstamm hinterlegtes Gästebuch, das von der Freude und dem morbid-klerikalen Humor der Friedhofsbesucher zeugt. Neben den klassischen »Ich war da« – Einträgen finden wir knapp formulierte Witze und sogar ein selbst gezeichnetes Labyrinthrätsel. Wir verewigen uns mit dem schlichten Ausruf: »Herrlich«.

Öffnungszeiten: 3. November bis Ende Februar: von 8:00 bis 17:00
März sowie von 1. Oktober bis 2. November: 7:00 bis 18:00
April bis September: 7:00 bis 19:00
Mai bis August: jeden Donnerstag bis 20:00
Fläche: 152.699 m², Grabstellen: 8.900

EU-Schulprogramm

Schulmilch:

#regional #natürlich #leckerschmecker

Woher kommt die Schulmilch?

Die Schulmilch kommt in Österreich von 51 Schulmilchbauern, die Kühe halten um Milch zu erzeugen. Schulmilch wird in Österreich durch das EU-Schulprogramm finanziell gefördert.

Was fressen die Kühe?

Die Kühe erhalten nur gentechnikfreie Futtermittel. Hauptsächlich fressen sie nur das, was in der Umgebung der Bauernhöfe auf den Wiesen und Äckern wächst. Futter und Wasser stehen den Tieren Tag und Nacht jederzeit zur freien Entnahme zur Verfügung.

Wie wird die Milch gewonnen?

Die Kühe werden zweimal täglich mit einer Melkmaschine gemolken. Vereinzelt kommen auch automatische Melksysteme zum Einsatz.

Wie wird die Milch verarbeitet?

Die Milch wird anschließend in der Hofmolkerei direkt am Betrieb verarbeitet. Alle Schulmilchbetriebe halten höchste Hygienestandards ein und werden auch kontrolliert. Alle Schulmilchprodukte sind pasteurisiert. Bei Milchprodukten mit Kakao, Vanille oder Früchten ist der Zuckerzusatz streng geregelt. Dieser darf heuer maximal 4,5 Prozent betragen, ab dem Schuljahr 2022/2023 sogar nur maximal 3,5 Prozent.

Wie kommt die Schulmilch in die Schule?

Aufgrund von Bestellungen der Schülerinnen und Schüler werden die Schulmilchprodukte direkt in die Schule geliefert und dort verteilt. Immer mehr Schulen bieten auch Automaten mit Schulmilchprodukten an. Diese Frische und Regionalität können nur Schulmilchprodukte bieten.

Wie kann mein Kind am EU-Schulprogramm teilnehmen?

Unter **www.ama.at** finden Sie alle Details. Die regionalen Schulmilchbauern bieten im Einverständnis mit der Schule gerne auch Verkostungen und Exkursionen an.

www.ama.at/Fachliche-Informationen/Schulprogramm

PLACE 11

Abenteuerlich

Friedhof Meidling

©Martina

START & ANREISE
1120 Wien, Haidackergasse 6
Linien U6, S, REX › Meidling

BESONDERHEITEN
Feldhamsterpopulation, Mausoleum der Familie Miller zu Aichholz, Denkmal für die Opfer des Februar 1934

An den Meidlinger Friedhof muss man sich langsam gewöhnen. Auf den ersten Blick ist er nicht schön, nicht kontemplativ, nicht pittoresk gelegen. Er erinnert an ein locker, unpräzise angeordnetes Gräberfeld, was möglicherweise seinem Alter geschuldet ist. Als einer der ältesten noch in Benützung stehenden Friedhöfe Wiens liegt er eingebettet zwischen dem sich großflächig erstreckenden Areal der Südbahn und des Bahnhofs Meidling, der Kerschensteinergasse sowie den kolossalen Gemeindebauten der Unter-Meidlinger- und der Kundratstraße. Die Eibesbrunnergasse teilt das Gelände in zwei beinah gleich große Teile. Auch Meidling hatte bereits im 18. Jahrhundert einen eigenen Friedhof, der in der heutigen Vierthalergasse 11 lag. Aufgrund von immer wiederkehrenden Wassereinbrüchen wurde er 1806 geschlossen, es folgte eine Neuanlage in unmittelbarer Nähe. Der heute bestehende Friedhof wurde 1862 eingeweiht und immer wieder erweitert. Trotz eines Gemeinderatsbeschlusses aus den 1970er Jahren, der neben 15 anderen auch die Schließung des Meidlinger Friedhofes zur Folge haben sollte, konnte durch eine Volksabstimmung sein Fortbestehen gesichert werden. Obwohl der Friedhof auf eine lange Geschichte zurückblickt, finden wir hier kaum Ruhestätten bedeutender Persönlichkeiten. Zu trauriger Berühmtheit gelangten allerdings die der verheerenden Brandkatastrophe von 1874 zum Opfer gefallenen Besucher des ehemaligen Ringtheaters, die am Meidlinger Friedhof ihre letzte Ruhe fanden. Die größte Brandkatastrophe des

19. Jahrhunderts hatte die Gründung der Wiener Freiwilligen Rettungsgesellschaft zur Folge. Das Unglück zeigte auch Auswirkungen auf die künftigen gesetzlichen Bestimmungen für den Theaterbau in Österreich sowie die Einführung spezifischer Brandschutzmaßnahmen im Theaterbereich. So musste von da an jegliche Dekoration imprägniert werden und der sogenannte Eiserne Vorhang zwischen Bühne und Zuschauerraum wurde in größeren Häusern vorgeschrieben.

Die wahrhaft herzerwärmende Attraktion des Meidlinger Friedhofes ist aber ohnehin kein Verstorbener, sondern der sehr lebendige *Cricetus cricetus*. Der unter Artenschutz stehende europäische Feldhamster erreichte bereits in den 90er Jahren des 20. Jahrhunderts eine respektable Population auf dem Friedhofsgelände. Traurigerweise hat der Feldhamster, dessen ursprünglicher Lebensraum, die Feldflur, immer weiter verschwindet, nicht nur Freunde. 2018 wurden mehrere Dutzend zum Teil verstümmelte tote Hamster auf dem Friedhofsgelände aufgefunden, was das Wiener Umweltamt und die Friedhofsverwaltung auf den Plan rief. Es wurden Infotafeln an den Eingängen angebracht, die den Besucher auf die Schutzwürdigkeit der vom Aussterben bedrohten kleinen Nager hinweisen. Wir können nur hoffen, dass den Hamstern nicht weiterhin von radikalen Blumenliebhabern nach dem Leben getrachtet wird. Während unseres Friedhofbesuches an einem sonnigen Julitag – der wahren Hamster-Reproduktionshoch-Zeit – erleben wir sie ausgelassen und fröhlich tagaktiv. Hier steppt nicht der Bär, sondern Cricetus cricetus. Zuerst nehmen wir immer wieder ein leises Rascheln in der Wiese und zwischen den Grabsteinen wahr. Mit einem kleinen, weghuschenden Schatten in den Augenwinkeln fühlen wir uns observiert, sie scheinen überall zu sein, was die unzähligen Zugänge zu ihren unterirdischen Bauten beweisen. Tatsächlich ist der Feldhamster ein neugieriger aber scheuer Geselle. Mit einem Respektabstand von zwei bis drei Metern

beäugt er uns aber ganz gerne in aufrechter Haltung und mit angezogenen Pfötchen – einer Haltung, die uns imponieren und zur Flucht anregen soll.

Statt den Rückzug anzutreten, fällt uns beim Betrachten der Gräber die Geschichte des um 1575 vergrabenen Schatzes am heutigen Friedhofsgelände ein, der am 4.11.1872 gehoben wurde und auf den ein gewisser Leopold Dangl mit 93 Gold- und vier Silbermünzen Anspruch erhob. Ihm wurde statt gegeben – wer weiß, was die Hamster noch alles im Boden der ehemaligen Pfründe verborgen wissen... Nichts von potentiellen unterirdischen Schätzen wussten glücklicherweise die Unholde, die zwischen 2004 und 2012 mehrmals am Meidlinger Friedhof ihr Unwesen trieben. Sie richteten auch so gewaltigen finanziellen und ethischen Schaden an. 2004 drangen unbekannte Täter in die Aufbahrungshalle ein und stürzten den Sarg einer dort aufgebahrten Frau um. Im Herbst 2010 wurden an die 250 Gräber durch massive Beschädigung geschändet. Der verursachte Schaden wurde auf ca. 300.000 Euro geschätzt. So unauffällig uns der Meidlinger Friedhof begrüßt hat, so beeindruckend bleibt er uns mit seinen Geschichten in bleibender Erinnerung.

Öffnungszeiten: 3. November bis Ende Februar: 8:00 bis 17:00
März sowie von 1. Oktober bis 2. November: 7:00 bis 18:00
April bis September: von 7:00 bis 19:00
Mai bis August: jeden Donnerstag bis 20:00

PLACE 12

Außerirdisch

Friedhof Lainz

START & ANREISE
1130 Wien, Würzburggasse 28
Linien 8A, 56A, 56B › Küniglberg/ORF

BESONDERHEITEN
Einer der kleinsten Friedhöfe Wiens, Friedhofskapelle gestaltet von Christof Riccabona

Der Lainzer Friedhof im 13. Wiener Gemeindebezirk ist, so scheint's, aus der Zeit und aus der Welt gefallen – oder eher direkt aus dem Weltall in dieses schmale, längliche Stück Land am Rücken des Stranzenberges. Stehen wir vor dem Eingangstor, wird er zur Linken vom gigantischen Koloss des ORF-Zentrums und zur Rechten von einer großen Wohnhausanlage eingefasst. Wir erreichen diesen für unseren Geschmack sehr speziell gelegenen Friedhof, der einer der kleinsten Wiens ist, über die Würzburggasse. Verschwindend winzig wirkt die links der Eingangspforte errichtete Kapelle neben der riesig anmutenden österreichischen Rundfunkanstalt. Wie ein Raumschiff thronen die Quader des Gebäudes mit seinen Antennen, Satellitenempfangsanlagen, Fahnen und Abluftrohren auf dem Küniglberg. Man muss schon sehr genau hinsehen, um zu erkennen, dass sich direkt neben der Einfahrt zum ORF eine kleine, kupferbedachte Kapelle mit einem dahinter liegenden Friedhof befindet. Der Eingang ist schmal und unauffällig. Zur Stunde unseres Besuches findet gerade ein Begräbnis statt, die Tore zur Kapelle, die gleichzeitig die Aufbahrungshalle darstellt, stehen weit offen. Die Angehörigen lauschen bedächtig der Trauerrede des Pfarrers, die Sargträger erholen sich inzwischen auf dem Sargwagen sitzend im Schatten der Kapelle.

Auch Lainz hat eine alte Geschichte. Bereits im 15. Jahrhundert gab es eine Kapelle hier, 1746 wurde die Pfarrkirche mit dem umliegenden Friedhof im Ort geweiht. Aufgrund

der starken Beschädigungen durch die Türkenbelagerungen musste die Kirche letzten Endes Mitte des 18. Jahrhunderts neu aufgebaut werden. Ab 1974 gehörte das Bauwerk als Kirche St. Epherem der Syrisch-Orthodoxen Gemeinde an, seit 2015 finden dort Gottesdienste für die Indisch-Orthodoxen Gläubigen statt. Unweit der bestehenden Kirche wurde in den späten 60iger Jahren des 20. Jahrhunderts eine neue katholische Kirche erbaut, die Konzilsgedächtniskirche Lainz-Speising. Der Friedhof am Küniglberg hingegen besteht seit 1876 an Ort und Stelle. Er fungiert heute als gemeinsamer Ortsfriedhof für die Region Lainz und Speising. Auch er wurde wie einige andere Friedhöfe in Wien ab 1965 mit einem Sperrbeschluss belegt, der aber 1980 wieder aufgehoben wurde.

1998 wurde die kleine Friedhofskapelle – ebenso wie auch die Aufbahrungshalle auf dem Friedhof Strebersdorf – nach den Plänen des Architekten Christof Riccabona umgestaltet. Riccabona wurde ab 1985 von den Wiener Friedhöfen mit dem Entwurf, dem Neubau und der Umgestaltung aller Aufbahrungshallen der städtischen Wiener Friedhöfe betraut. Bis dahin hatte er sich durch die Optimierung des städtischen Wohnbaus als auch durch die Sanierung von Wohnbauten verdient gemacht. Im Rahmen seiner Professur an der *Camillo Sitte Lehranstalt* in Wien III. veröffentlichte er Texte zur Baukonstruktions- und Gestaltungslehre.

Nachdem wir die Trauergemeinde unauffällig hinter uns gelassen haben, schlendern wir das flach gelegene Areal entlang – nach links und rechts haben wir den Friedhof gut im Überblick, vor uns ist das Ende nicht abzusehen. An einem linkerhand gelegenen Mausoleum vorbei pilgern wir mittig auf das Friedhofskreuz zu. Im Gegensatz zu den meisten seiner Art, die wir bisher gesehen haben, handelt es sich um ein schwarz verschlungenes schmiedeeisernes Kunstwerk mit einem strahlend zierlichen Jesus in Gold. Weitere zarte Blumenapplikationen heben sich gegen die dunkle Farbe

des Kreuzes gülden ab. Die Gräber sind locker gereiht, nichts drängt sich. Wir finden ein wunderschön schlichtes, bereits etwas hinfälliges Art-déco-Grab und das einer Mutter, deren Grabstein ikonenhaft einem mehrteiligen Altarbild gleicht. Genaueres erfahren wir nicht, die Inschrift auf der beigestellten Steinplatte ist bereits verblasst.

Vorbei an einem in den Himmel ragenden Betonkreuz nähern wir uns dem Ende des Friedhofareals, das durch die Elisabethallee nördlich begrenzt wird. Die Stimmen der Arbeiter, die wir am rückseitigen Gelände des ORF-Zentrums bei ihrer Mittagspause beobachten, wird vom allgegenwärtigen Lärm der Lüftungsanlage des ORF übertönt. Ruhig ist es hier wohl nie und das vermutlich schon lange nicht mehr. Vor der Erbauung der Fernseh- und Rundfunkanstalt in den 1970er Jahren hatten die Nazis Ende der 1930er Jahre des 19. Jahrhunderts das Gelände mit einer raumgreifenden Flak-Kaserne genutzt. Wir empfinden etwas Wehmut und Mitgefühl bei der Vorstellung, welchen Mächten der kleine Friedhof seit seinem Bestehen tapfer getrotzt hat und sind froh, dass es ihn noch gibt.

Öffnungszeiten: 3. November bis Ende Februar: 8:00 bis 17:00
März sowie von 1. Oktober bis 2. November: 7:00 bis 18:00
April bis September: 7:00 bis 19:00
Mai bis August: jeden Donnerstag bis 20:00
Fläche: 7.248m², Grabstätten: 993

PLACE 13

Würdevoll

Friedhof Kalksburg

©Martina

START & ANREISE
1230 Wien, Zemlinskygasse 26
Linie 60A › Willergasse/Liesingbrücke

BESONDERHEITEN
Grab Hugo von Hofmannsthal, sowjetische Kriegsgräber, Weinberglage, Gräberanlage Jesuitenkolleg Kalksburg

Weit draußen, fast schon in Niederösterreich nahe Rodaun, befindet sich im 23. Bezirk der Kalksburger Friedhof, ein kleines Juwel der Stille und Gemütlichkeit. Umgeben von Weinbergen und Wald, lediglich ostseitig an die Ausläufer des Siedlungsgebietes um die Rodauner Straße angrenzend, kann man sich hier unter mächtigen Kiefern dem Lustwandeln hingeben. Der Friedhof liegt in seiner Dreiecksform ansteigend in Richtung Kalksburger Grat und Himmelswiese und wird von einer 1986 neu geschaffenen roten Backsteinmauer umgeben, die mit ihrem markanten Rotton das Gelände akzentuiert. Gräber in verschiedensten Stilen finden wir hier, das Areal ist angenehm überschaubar und botanisch heterogen gestaltet, was dem Friedhof eine hübsche, optische Verspieltheit verschafft.

Wie so viele Vororte Wiens war Kalksburg lange Zeit keine eigene Pfarre. Ursprünglich gemeinsam mit Rodaun der

Pfarre Perchtoldsdorf unterstellt, wurde es trotz seiner lediglich 209 Einwohner 1783 immerhin zur Lokalplanei erhoben. Wie die morbid anmutenden »Josephinischen Särge« mit ihren Fallböden geht auch der Begriff der Lokalplanei zurück auf die umfassende Friedhofsreform von Kaiser Joseph dem II. Ende des 18. Jahrhunderts. Kloster- und Filialkirchen, die nur kleinen Gemeinden angehörten, wurden entweder profaniert, sprich entweiht und aufgelassen oder einem definierten Seelsorgebezirk zugewiesen. Statt einem Pfarrer wurde ein im Vergleich rechtlich und finanziell nied-

riger gestellter Lokalkaplan eingesetzt, der die Gemeinde seelsorgerisch betreute. Diese Rechtsform wurde 1880 zugunsten der Version einer ordentlichen Pfarrkirche oder einer ihr zugehörigen Filialkirche aufgehoben. Fünf Jahre später war es dann auch für Kalksburg soweit, es wurde zur eigenständigen Pfarre erhoben. Aufgrund des Engagements von Franz von Mack, einem lokalen Gutsbesitzer, gab es bereits seit 1793 einen kleinen Ortsfriedhof am Eingang zum Gütenbachtal, der allerdings ein Jahrhundert später aus sanitären Gründen aufgelassen werden musste.

Eine Besonderheit des heutigen, seit 1892 bestehenden Friedhofes ist die mittig an der Rückwand gelegene, von zwei Steinbänken eingefasste Gruft des österreichischen Dramatikers und (neben Max Reinhardt) Mitbegründers der Salzburger Festspiele, Hugo von Hofmannsthal. Sein Mysterienspiel »Jedermann«, das über das »Spiel vom Sterben des reichen Mannes« erzählt, ist seit 1920 das absolute Highlight des Festivals. Hofmannsthal ging jahrelang mit dem Stoff schwanger, das Projekt nahm bis zu seiner Vollendung im Jahre 1911 acht Jahre Entwicklungszeit in Anspruch. Eine Fassung aus dem Jahre 1905 ist nicht in Reim- sondern in Prosaform verfasst, ein entscheidender Unterschied zu der noch heute aufgeführten Version des Stückes. Hofmannsthal entschied sich letztendlich für eine dem mittelalterlichen Mysterienspiel getreue Form. Die Reime werden nicht von Individuen sondern ihren Personifikationen (wie z.B. dem Mammon, dem Glauben, dem Sensenmann) vorgetragen und konfrontieren den Zuschauer mit den Herausforderungen des christlichen Lebenswandels. Auch der Illustrator und als Tiermaler international bekannte Ludwig Heinrich Jungnickel ist in Kalksburg begraben. Jungnickel stellte bereits zu Beginn des 19. Jahrhunderts in der Wiener Sezession aus, entwarf Stoffe, Gläser, Vasen und Tapeten für die Wiener Werkstätten und wurde 1924 Mitglied des Künstlerhauses, wo er sich immer wieder an Ausstellungen

beteiligte. Er erhielt von Bundespräsident Theodor Körner 1955 eine Ehrengabe auf Lebenszeit und wurde mit dem Preis der Stadt Wien ausgezeichnet. Jungnickels Kohle-, Kreide- und Bleistiftstudien berühren durch die Darstellung charakteristischer Posen unterschiedlichster Tiergattungen in einer feinfühligen, unkitschigen Art. Immer wieder gelingt es auch heute noch, eines seiner Tierbilder zu ersteigern oder anderweitig käuflich zu erwerben.

Neben den Schwestern vom Heiligen Borromäus und denen des Jesuitenkollegs in Kalksburg nehmen auch die 1964 wiederhergestellten ehemaligen Kriegsgräber der sowjetischen Besatzungssoldaten ihren Raum am Friedhof ein. 1949 ersuchten die Russen das Magistrat, die bis dahin provisorisch angelegten Kriegsgräberanlagen der gefallenen Soldaten auszubauen, Schäden zu beheben und weiters Platz für deren Familienangehörige zu schaffen. Es wurden daher auf dem Wiener Zentralfriedhof, den Friedhöfen in Stammersdorf, Mödling und Aspern sowie dem Kalksburger Friedhof passende Flächen bereit gestellt, um dieser Forderung nachzukommen.

Öffnungszeiten: 3. November bis Ende Februar: 8:00 bis 17:00
März sowie von 1. Oktober bis 2. November: 7:00 bis 18:00
April bis September: von 7:00 bis 19:00
Mai bis August: jeden Donnerstag bis 20:00
Fläche: 7.658m^2, Grabstellen: 539

©Martina

PLACE 14

Zauberhaft

Helenenfriedhof Baden

START & ANREISE
2500 Baden, Steinbruchgasse
Linie A (Stadtbus Baden) › Steinbruchg.

BESONDERHEITEN
Denkmalgeschützt, Berglage am Waldrand, romantische Bepflanzung, Familiengrab der Familie Sacher

Ein denkmalgeschütztes Kleinod ist dieser 1832 am Römerberg in Baden bei Wien errichtete katholische Friedhof. Ursprünglich um die seit dem 13. Jahrhundert existierende Helenenkirche im Ortsteil Weikersdorf im Tal gelegen, kam es auf dem damaligen Pfarrfriedhof immer wieder zu devastierenden Überschwemmungen durch den nahe liegenden Schwechatbach. Die Folge war die Neuanlage eines größeren Bestattungsareals zwischen der heutigen Steinbruchgasse und der klangvollen Adresse *An der Alm*.

Betritt man den alten Teil des Friedhofes durch eines der ersten beiden neu renovierten hellgrauen Eisentore nahe dem Friedhofswärterhaus, reihen sich die Gräber umschlungen von Efeu und üppig wachsenden Bäumen dicht aneinander. Die durchgehend asphaltierten Wege wölben sich in unregelmäßigen Abständen da, wo die starken Wurzeln einer Kiefer, einer Eibe oder eines Fliederbusches versuchen, sich Bahn zu brechen. Die Unebenheit des Bodens, die urwaldartig wuchernden Pflanzen und die monumentalen Grabstätten verleihen dem Friedhof den einzigartig romantischen Charme wohlhabender, vergangener Zeiten. Hier liegen Offiziere, Stadtbaumeister, Minister, Diplomaten, Gastronomen, SchauspielerInnen und sogar eine echte Prinzessin begraben.

Die Prinzessin, Erzherzogin Elisabeth Franziska Maria von Österreich (*17. Jänner 1831, †14. Februar 1903), stammte

aus der ungarischen Linie des Hauses Habsburg Lothringen und war mit einem Enkel Maria Theresias, dem Erzherzog Ferdinand Karl von Österreich-Este, Prinz von Modena, in erster Ehe verheiratet. Als dieser kurz nach der Geburt ihrer gemeinsamen Tochter, der später letzten bayrischen Königin Marie Therese, verstarb, setzte sich Sophie Friederike von Bayern, die Mutter Kaiser Franz Josephs, höchstpersönlich für die baldige Neuvermählung von Elisabeth ein. Der junge Franz Joseph hatte zu ihrem großen Missfallen ein Auge auf die hübsche Erzherzogin geworfen. Aufgrund der ständigen Unruhen in Ungarn, vor allem aber wegen des 1853 erfolgten Attentats auf ihren Sohn durch den ungarischen Schneidergesellen János Libényi, der den jungen Franz Josef mit einem Küchenmesser verletzte, wollte Sophie keinesfalls eine ungarische Schwiegertochter im Hause und wusste dies gekonnt zu verhindern.

Erzherzogin Elisabeths weitere Vita ließ sie nach 2 frühzeitig verstorbenen Ehemännern mit 43 Jahren als Witwe zurück. Sie wusste sich aber zu beschäftigen und war als engagierte Schirmherrin verschiedener sozialer Einrichtungen aktiv. Mit 72 Jahren erlag sie im Wiener Palais ihres Sohnes Friedrich einer sehr rasch und letal verlaufenden Lungenentzündung. Die ursprünglich geplante Beisetzung in der kaiserlichen Kapuzinergruft fand aufgrund der Anordnung ihres letzten Willens nicht statt. Ihre späten Lebensjahre hatte die

Erzherzogin zum Großteil auf der nahe dem Helenenfriedhof gelegenen Weilburg in Baden verbracht und hier bereits 1899 die Erbauung einer Familiengruft vorbereitet. Bescheidenerweise hat sie eine Gruft ohne Mausoleum errichten lassen.

Auch Josef Ettenreich, ein wohlhabender Wiener Händler, der während seines üblichen Spazierganges zur Kärntnertorbastei maßgeblich an der Vereitelung des oben erwähnten Attentats auf den jungen Kaiser beteiligt gewesen war, hat am Helenenfriedhof seine letzte Ruhestätte gefunden.

©Martina

Ein wenig gedankenverloren lauschen wir dem leisen Summen der Bienen. Aus den mächtigen, alten Bäumen dringt das das fröhliche Zwitschern der Vögel an unser Ohr. Eingelullt vom süßen Duft der üppig wachsenden Lilien auf den Gräbern können wir nachvollziehen, weshalb die Erzherzogin diesen romantischen, zauberhaften Ort der ehrwürdigen, aber dunkel-feuchten Kapuzinergruft vorgezogen hat.

Das Glück, für immer hier bleiben zu dürfen, hatte auch der Koch Franz Sacher – der Erfinder der berühmten Wiener Sachertorte. Er ließ sich nach einem erfolgreichen Leben 1881 in Weikersdorf in seiner noch heute bestehenden Villa in der Sauerhofstraße 10 nieder, wo er in unmittelbarer Nähe zu Schloss Weikersdorf und einer Viertelstunde Gehweg nach Schloss Weilburg residierend immer wieder die Angehörigen der örtlichen Hocharistokratie kulinarisch versorgte. Sachers ältester Sohn Eduard, der seine Ausbildung beim k.u.k. Hofzuckerbäckermeister Demel am Kohlmarkt in Wien absolvierte, perfektionierte dort das Rezept der Sachertorte seines Vaters und gründete 1876 das weltweit berühmte Wiener Hotel Sacher. Beide verdienten Pâtissiers sind neben weiteren Angehörigen in der Familiengruft auf dem Helenenfriedhof in Baden begraben.

Öffnungszeiten: Mai bis Ende August: 7:00 bis 20:00
September bis Ende März: 8:00 bis 16:00

FAMILIE

©Martina

PLACE 15

Einzigartig

Friedhof St. Marx

©AdobeStock/Spitzi-Foto

START & ANREISE
1030 Wien, Leberstraße 6
Linie 74A › Hofmannsthalgasse

BESONDERHEITEN
Biedermeierfriedhof, Mozartgrab, besonders schön ist die Fliederblüte im Frühling

Der St. Marxer Friedhof nimmt einen einzigartigen Platz in der »Hierarchie« der Wiener Friedhöfe ein. Als letzter und einziger noch existierender Biedermeierfriedhof in Wien, auf dem von 1784 bis 1874 Beisetzungen stattfanden, fungiert er seit 1937 als eine der Öffentlichkeit zugängliche, außergewöhnliche Parkanlage. Nicht nur, dass das gepflegt verwachsene Gelände und die dadurch verwunschen wirkende Umgebung die BesucherInnen noch heute in den Bann der alten Zeit zieht, seine Existenz erinnert eindrucksvoll an die bereits an anderer Stelle erwähnten josephinischen Friedhofsreformen aus dem Jahre 1784. Aufgrund der damals neu erlassenen Seuchen- und Hygieneverordnungen durften ab dem Jahr 1772 keine neuen Begräbnisstätten mehr innerhalb des Linienwalls (Anm.: Anlage um die Vorstadt, zum Schutz vor den Türkeneinfällen, entspricht etwa der heutigen Gürtellinie) angelegt werden. Ab 1782 wurden fast alle innerstädtischen Friedhöfe geschlossen und fünf sogenannte Kommunalfriedhöfe außerhalb der Stadt geschaffen. Auf dem St. Marxer, dem katholischen Matzleinsdorfer, dem Hundsturmer, dem Schmelzer und dem Währinger Allgemeinen Friedhof sollten die Toten Wiens kostengünstig und effizient in Form von Schacht- und Massengräbern bestattet werden. Nicht einmal die namentliche Nennung der Verstorbenen auf einem Grabstein war noch vorgesehen. Diese radikale Egalisierung der Verstorbenen führte sehr bald zu deutlichem Unmut in der Bevölkerung und zu Widerständen im Klerus. Die Kirche war klar gegen die vor-

geschriebene Praxis, entspricht doch die Nennung des Namens und der Geburts- und Sterbedaten eines Verblichenen auch heute noch den minimalem Anspruch auf menschliche Würde, die auch über den Tod hinaus bestehen bleibt. Das Gesetz blieb daher nicht lange in Kraft. Den veränderten, neuen Möglichkeiten im Bestattungswesen folgend, entwickelte sich besonders in der Biedermeierzeit eine starke ästhetische Individualisierung und spezifische Stilisierung bürgerlicher Grabstätten. Am Friedhof St. Marx finden sich daher immer wieder antiken Grabstelen und Monumenten nachempfundene Grabmäler.

Weniger opulent verhält es sich im Falle der letzten Ruhestätte des wohl berühmtesten Beigesetzten des Friedhofes, Wolfgang Amadeus Mozart. Viele Legenden ranken sich um seinen Tod und das Begräbnis. Tatsache ist, dass Mozart in der Nacht zum 5. Dezember 1791 um ca. 1 Uhr in seinem Haus in Wien verstorben ist. Das Begräbnis fand vermutlich am frühen Morgen des 7. Dezember statt, verlässliche Aufzeichnungen zum exakten Zeitpunkt und zum genauen Ort der Beisetzung gibt es allerdings keine. Wie es für den Stand der Musiker damals üblich war, wurde Mozart in einem einfachen, allgemeinen Grab bestattet, nicht aber völlig verarmt und mittellos in einem Armengrab, wie oft kolportiert wird. Auch dass der Leichenzug bei Unwetter und düsterem Regen unbegleitet blieb, ist eine unhaltbare Geschichte.

Laut den Wetteraufzeichnungen der Wiener Sternwarte war das Klima zum damaligen Zeitpunkt trocken und mild. Gemäß den geltenden Bestattungsrichtlinien war es zudem nicht üblich, den Sarg bis an den entlegenen Ort der Beisetzung außerhalb der Linien zu begleiten. Mit der Aussegnung im Stephansdom, wo die Aufbahrung der Toten stattfand, waren die Feierlichkeiten um das Begräbnis beendet. Die Form der Bestattung hatte also zur Folge, dass eine exakte Zuordnung des Toten zu einer individuellen Begräbnisstätte nicht mehr möglich war. Wir finden daher auf den am Fried-

Mozartgrab

hof mittig gelegenen Flächen, den ehemaligen Schachtgräbern, linksseitig ein isoliert stehendes Grabdenkmal, das an die letzte Ruhestätte Mozarts erinnert. Nach eingehenden Standortrecherchen wurde seine Errichtung an dieser Stelle im Jahre 1859 beschlossen. Anlässlich des 100. Todesjahres von Mozart wurde der Gedenkstein im Jahre 1891 aber auf den seit 1874 existierenden Zentralfriedhof verlegt. An seiner statt setzte der damalige Friedhofswärter das heute zu besichtigende Grabmal.

Würde der St. Marxer Friedhof inzwischen nicht zu Zweidrittel von Südosttangente und Landstraßer Gürtel umrundet werden, er wäre wohl der stillste Ort der Welt – nicht nur akustisch, auch auratisch. Die Wirkung einer Begräbnisstätte, die seit über 200 Jahren besteht, seit mehr als 100 Jahren aber nicht mehr durch neue Belegungen verändert wurde, hat musealen Charakter. Hier verschmelzen Kultur und Natur zu einer Einheit, hier entsteht ein einzigartiges Gemälde der Vergänglichkeit, das bleibt. Allegorisch präsentiert sich hier im Frühling die prächtige Blüte des wilden Flieders in ihrer lithurgischen Farbe von Übergang und Verwandlung, einem zarten Lila – als ein authentisches Sinnbild für die ewige Wiederkehr von Leben und Tod.

Öffnungszeiten: April bis Ende September: 6:30 bis 20:00
Oktober bis Ende März: 6:30 bis 18:30
Fläche: ca. 60.000m²

PLACE 16

Liebevoll

Tierfriedhof Wien

©Martina

START & ANREISE
1110 Wien, Anton-Mayer-Gasse 5
Linien 11, 71 › Zentralfriedhof 2. Tor

BESONDERHEITEN
Kunterbunte Gräber, liebevoller Grabschmuck, eigene Aufbahrungshalle, Urnenareal

Direkt auf Höhe des Haupttores zum gigantischen Gelände des Wiener Zentralfriedhofes befindet sich auf der gegenüberliegenden Seite der erste und bis dato einzige Tierfriedhof Wiens. Als tierliebende Mitbewohner unserer Hunde und Katzen fühlen wir uns neugierig aber auch ein klein wenig beklommen, was uns wohl erwarten wird. Etwas versteckt finden wir den seit 2011 existierenden kleinen Friedhof in der Anton-Mayer-Gasse.

Wie bereits auf der Homepage des *Tierfriedhofes Wien* zu erkennen, zieht sich auch gleich bei unserer Ankunft die Farbe Lila im Eingangsbereich durch die gesamte Empfangszone. Modern mutet der vergleichsweise junge Bestattungsort für unsere tierischen Begleiter an, der schlichte, in Betonoptik erbaute Kubus der Aufbahrungshalle als auch die Nebengebäude weisen als Farbakzent Türen in beruhigendem Violett-Ton auf. Das dahinterliegende Gelände breitet sich ebenmäßig und kunterbunt vor uns aus. Der Kubus ist hier das einzig Kantige – auf einer Aufnahme aus der Vogelperspektive, die wir auf der friedhofseigenen Homepage finden, sehen wir die in Kreisen angelegten Gräbergruppen besonders schön. Mit unterschiedlichem Durchmesser, je nach Größe der einzelnen Parzellen, umrunden die kornkreisartig angelegten Grabflächen ein in ihrer Mitte gepflanztes Bäumchen, das von einer hölzernen Sitzbank umgeben ist und dem Besucher Gelegenheit gibt, sich in Ruhe niederzulassen, um die Gräber zu betrachten.

Wir stellen uns vor, wie irgendwann die Flächen der Grabkreise mit dem Schatten eines mächtigen Baumes zu einer harmonischen Einheit verschmelzen werden und dem Gelände eine natürlich-harmonische Aura verleihen.

Nicht nur durch die spezielle Anreihung und Größe der Grabstellen unterscheidet sich der Tierfriedhof deutlich von herkömmlichen Friedhöfen. Liebe und Trauer umgeben uns hier in distanzloser, unverhohlener Intensität. Unzählige wachende oder schlafende kleine Tierfiguren finden wir, sitzend, stehend, liegend im Gras oder auf Kieselsteinen, Fotos der Liebsten und Grabsprüche voller Wehmut. Bunte Blumen schmücken die kleinen Gräber überall. Im Abseits findet ein Begräbnis statt, immerhin nehmen an die zehn Personen daran teil. Nirgendwo sonst haben wir Menschen so intensiv trauern gehört und gesehen wie hier. In Kaskaden durchbricht das Schluchzen eines verzweifelten jungen Mannes immer wieder die Stille, während der Totengräber vorsichtig die den Sarg bedeckende Erde mit seiner Schaufel flach drückt. Am Ausgang erklärt ein Mitarbeiter des Friedhofes einer alten Dame, wie wichtig es für seine Tätigkeit ist, empathisch zu sein.

Die Entwicklung von Tierfriedhöfen ist zwar eine neuzeitliche Erscheinung, tatsächlich gab es aber schon vor vielen tausend Jahren rituelle Tierbestattungen. Primär wurden

Tiere mit ihren Herren gemeinsam bestattet, wir finden aber auch spezielle Grabstätten nur für sie. So liegen zumindest zwei der unzähligen Windspiele des preußischen Königs Friedrich des Großen in einer eigenen Gruft auf der Terrasse von Schloss Sanssouci in Berlin begraben. Als der König 1786 verstarb, war sein größter Wunsch, neben seinen innig geliebten Hunden beigesetzt zu werden. Die eigentliche Entstehung der Tierfriedhöfe in Europa geht jedoch auf die Errichtung des »Cimetière des Chiens« im Spätsommer 1899 zurück. Der Journalist Georges Harnois und seine

Kollegin Marguerite Durand gründeten im gleichen Jahr die »Société Française anonyme du Cimetière pour chiens et autres animaux domestiques« (Französische Friedhofsgesellschaft für Hunde und andere Haustiere) und erwarben auf der nahe Paris gelegenen Île des Ravageurs in Asnières-sur-Seine ein passendes Gelände für ihr Vorhaben. Der »Cimetière des Chiens« gilt als der älteste Tierfriedhof der Welt und wurde 1987 unter Denkmalschutz gestellt. Heute liegen über 100.000 Tiere dort begraben. Nicht nur im alten Ägypten trieben Grabräuber im übrigen ihren Spuk. 2012 wurde hier das mit Diamanten besetzte Halsband eines Kleinhundes im Wert von € 9.000 aus einem Grab entwendet.

Derlei Übergriffe bleiben uns vermutlich auf dem Wiener Tierfriedhof erspart. Hier geht es um die emotionale Verbindung von Mensch und Tier über den Tod hinaus. Das kommt auch in den Nachrufen, die die Hinterbliebenen auf der Internetseite des Tierfriedhofes niederschreiben dürfen, klar zum Ausdruck. So postet jemand: *»Wahrscheinlich liebe ich Tiere so sehr, weil sie mir nur ein einziges Mal mein Herz brechen, nämlich dann, wenn sie über die Regenbogenbrücke gehen«*.

Öffnungszeiten: 3. November bis Ende Februar: 7:00 bis 17:00
März und 1. Oktober bis 2. November: 7:00 bis 18:00
April und September: 7:00 bis 19:00, Mai bis August: 7:00 bis 20:00
Fläche: 6.000m², Grabstellen: 1.000

PLACE 17

Geistlich

Friedhof Strebersdorf

©Martina

START & ANREISE
1210 Wien, Anton-Haberzeth-G. 6
Linien 32A, 510 › Anton-Böck-Gasse oder Strebersdorfer Platz

BESONDERHEITEN
Gräberreihe der Schulbrüder, ruhige Atmosphäre, kleine Backsteinkapelle

Das kleine Örtchen Strebersdorf, das 1910 bereits nach Wien eingemeindet worden ist, hat eine durchaus bewegte Geschichte hinter sich. Als wahres Stehaufmanderl hat es die Zeiten überdauert. In seiner heutigen Form entstand Strebersdorf erst ab 1950. Vor ungefähr tausend Jahren existierte der Ort aber bereits in Form einer Fischersiedlung, die inmitten der damals weit verzweigten Donauarme entstanden war. 1440 wurde die Siedlung durch Hochwasser zerstört, der Ort verlagerte sich daher weiter abgelegen von der Donau zu den Füßen des Bisamberges. Nicht nur die Hochwasserproblematik beutelte das kleine Dorf immer wieder, die enormen Kriegsschäden, die die Türken, Schweden und Ungarn verursachten, wechselten sich mit den katastrophalen Auswirkungen von Seuchen wie Pest und Cholera über die Jahrhunderte ab. 1679 verstarb ein Drittel der Bevölkerung an der Pestepidemie. Ab 1753 ging es dann glücklicherweise bergauf, neben der Schafzucht wurde der

Weinbau die Haupteinnahmequelle der Strebersdorfer. Spaziert man heute die Anton-Böck-Gasse entlang, gewinnt man den Eindruck, Strebersdorf liegt streng in der Hand der »Schulbrüder«. Im Jahr 1866 erwarb der 1684 in Frankreich von Jean Baptiste de la Salle gegründete christliche Orden mit dem Herrschaftsgut Schloss Strebersdorf das heutige Marienheim, das westlich direkt an die ehemalige Pfarrkirche *Maria Immaculata* angrenzt. Im Laufe der Jahre errichteten die Schulbrüder ein beachtliches Schulzentrum, das den Ort heute prägt. Der Schulverein *de la Salle*, eine

Privatschule mit Öffentlichkeitsrecht, bietet neben einem Kindergarten eine Volksschule, eine Mittelschule, eine AHS, ein Internat sowie ein eigenes Student's Hostel an.

Auf der Suche nach dem Friedhof entdecken wir unweit der Kirche *Maria Immaculata* ein grünes Hinweisschild mit der Aufschrift »Zugang zum Friedhof Strebersdorf«. Darunter zeigt ein weißer Pfeil in Richtung eines schmalen, beidseitig von einem Bretterzaun eingefassten Weges inmitten von bunt gemischten Laubbäumen. Das Gelände links und rechts der Abzäunung gehört der Schulbrüderschaft. Wir erwarten uns gemäß der Optik des Weges einen romantisch-verwunschen gelegenen kleinen Friedhof und sind ein bisschen enttäuscht, als wir am Ende der Gasse auf eine sich weitläufig vor uns erstreckende Fläche treten. Etwas ziellos versuchen wir, einen breiten Ackerweg und die dahinterliegende Wiese zu überblicken, um eine Spur zum Eingang des Friedhofsgeländes ausfindig zu machen. Wir entdecken letztendlich einen durch die Wiese führenden, unauffälligen Zugang und erreichen direkt nach der Eingangstür – von einem Tor lässt sich nicht sprechen – die etwas kühl anmutende Aufbahrungshalle. Im Jahr 2000 wurde der von Architekt Prof. DI Christof Riccabona gestaltete Neubau durch die ökumenische Einsegnung eröffnet. Nüchtern empfängt uns das Gebäude mit einer davor liegenden parkplatzartig asphaltierten Fläche.

Aber auch dem auf den ersten Eindruck etwas spröde angelegten Strebersdorfer Friedhof können wir etwas abgewinnen, er entwickelt während unseres Besuches seinen eigenen Reiz. Von flachen Wiesen umgeben, strahlt er eine große Ruhe und Klarheit aus. Die Umgebung verschafft uns ein leichtes Aufeeling – vielleicht eine metaphorische Reminiszenz an die ehemals noch ungebändigten Donauausläufer in dieser Gegend. Die seit 1878 bestehenden Gräberreihen wirken aufgeräumt und ordentlich unspektakulär, dafür liebevoll gepflegt und oft besucht. Optisch dominiert wird der

Gottesacker, ein sehr alter Begriff, der zu diesem Ort wirklich gut passt, von einer rückseitig gelegenen kleinen Kapelle, die mit ihrer Kombination aus Backsteinbauelementen, weißen Türmchen und Spitzbögen unsere Blicke auf sich ziehen – das möchten wir genauer inspizieren.

Vorbei an dem – wie es heißt – *vom Wirtschaftsbesitzer Traxler im 19. Jahrhundert gestifteten* Friedhofskreuz nähern wir uns dem zierlichen, stechend scharf konturierten Bauwerk. Wir erkennen schnell – auch am Friedhof herrschen die Schulbrüder. Die Kapelle ist der Anker- und Ausgangspunkt einer Flucht vor ihr liegender, schwarzer Metallkreuze. Auf älteren Fotos noch in demselben bronzenen Farbton wie dem der Mauer der kleinen Kapelle gehalten, korreliert nun das Schwarz stilistisch mit dem gleichfarbigen schmiedeeisernen Tor zur Kapelle. Jedes Kreuz steht für einen verstorbenen Bruder, eines gleicht dem anderen. Die Anzahl der Kruzifixe ist beeindruckend und zeigt, wie verwoben die Bruderschaft mit dem Ort ist. Mit einigem Respektabstand reihen sich zu beiden Seiten der Kreuze die steinernen Grabplatten umliegender Gräber.

Öffnungszeiten: 3. November bis Ende Februar: 8:00 bis 17:00
März sowie von 1. Oktober bis 2. November: 7:00 bis 18:00
April bis September: 7:00 bis 19.00
Mai bis August: jeden Donnerstag bis 20:00
Fläche: 26.362m², Grabstellen: 1.160

PLACE 18

Ländlich

Pfarrfriedhof Klein-Engersdorf

©Martina

START & ANREISE
2102 Hagenbrunn, Kirchenweg 79
Linie 501 (ab Floridsdorf) › Klein-Engersdf. Königsbr. Str. (1,5km Fußweg)

BESONDERHEITEN
Wiesenfriedhof, 900 Jahre alte Kirche, Seitenaltar von Kremser-Schmidt

Nachdem wir bereits den Strebersdorfer Friedhof jenseits der Donau erkundet haben, führt uns unser Weg weiter über die »schönste Kellergasse Wiens« durch Stammersdorf in die kleine Gemeinde – nomen est omen – Klein-Engersdorf nahe Hagenbrunn. Mit seiner am Fuße des Bisambergs gelegenen 900 Jahre alten Kirche namens St.Veit und dem sie umgebenden Friedhof hält der Ort eine besondere Sehenswürdigkeit bereit.

Im Gegensatz zu den Wiener Friedhöfen, die schon lange nicht mehr unmittelbar um die zugehörige Pfarrkirche zu finden sind, treffen wir hier auf einen sehr alten, klassisch erhaltenen Landfriedhof. Im 11. Jahrhundert entwickelte sich aus dem Pfarrgebiet von St. Marcus in Leobendorf die eigenständige Pfarre Klein-Engersdorf, die zur Mutterpfarre für das benachbarte Enzersfeld wurde und die Orte Flandorf, Hagenbrunn und Klein-Engersdorf geistlich noch heute verbindet. Das Pfarrgebiet erstreckt sich über die zwei politischen Gemeinden Hagenbrunn und Bisamberg.

Seit jeher wurde die erstmals im Jahre 1108 urkundlich erwähnte Kirche St. Veit durch den Orden der Benediktiner betreut. Das Benediktinerkloster Formbach in Bayern hatte die geistliche Obsorge der Pfarre ursprünglich über. Seit 1540 kümmern sich allerdings die Benediktiner des Schottenstiftes in Wien um die Seelsorge und stellten fast durchgehend die Pfarrer vor Ort. Eine solche seelsorgerische Be-

Wiesenfriedhof

ständigkeit finden wir selten. Aufgrund ihres langen Bestehens beeindruckt die Kirche mit Kunstschätzen aus verschiedensten Epochen. Das Martyrium des Hl. Vitus, des Namenspatrons des Sakralbaus, finden wir auf dem Hochaltargemälde dargestellt, die Seitenaltäre wurden von *Kremser Schmidt* (Martin Johann Schmidt), einem der hervorragendsten österreichischen Maler des Spätbarock, gefertigt. Die persönliche Leidenschaft Kremser Schmidts galt der niederländischen Malerei des 17. Jahrhunderts. Er schuf ohne Auftrag aus eigenem Antrieb und Interesse Charakterköpfe und Genreszenen, was ihm den Beinamen »niederösterreichischer Rembrandt« einbrachte. Der Künstler war außergewöhnlich arbeitsam, die Liste seines Ouvres ist umfangreich. Österreichweit findet man seine Werke in unzähligen Kirchen und Schlössern.

Die sich beim Betreten des Friedhofs vor uns majestätisch gegen den Bisamberg abhebende, weiße Kirche inmitten der steil aufsteigend angelegten Gräber fungiert tatsächlich selbst als wunderschönes Bildmotiv. Süd- und westseitig von Wiesen, Acker und Wald umgeben, kann man bei einem Blick über die Friedhofsmauer zusehen, wie die letzten Sonnenstrahlen am Horizont in den goldenen Ähren des angrenzenden Ackers versinken. 2019 waren im übrigen auf dem bestehenden Pfarrfriedhof noch lediglich fünf Grabstellen zu vergeben. Es wurde daher von der Pfarre mit Unterstützung des Schottenstiftes eine Erweiterung des Geländes in Planung genommen, das neue Friedhofsareal wurde im Januar 2020 eingeweiht.

Es bietet ein neues, innovatives Konzept – während im alten Teil ausschließlich Bewohner der Pfarrgemeinde ein Nutzungsrecht erwerben konnten und können, steht der neue Friedhofsteil allen zur Verfügung, auch nicht ortsansässigen Personen. Die Art der Grabstätte kann frei gewählt werden. Das als Gartenanlage gedachte, neu erschaffene Gelände

bietet drei Arten, den Sarg oder die Urne beizusetzen. So gibt es ein einfaches Rasengrab mit eigenem Kreuz, das von der Friedhofsverwaltung betreut wird. Oder man entscheidet sich, Sarg oder Urne in einem speziell dafür geschaffenen Wiesenteil einzubetten und so die »Schönheit der Natur mit der Tradition der Kirche«, wie es im Imagevideo auf der Homepage heißt, zu verbinden. Die Namen der Verstorbenen werden hier nicht individuell sondern auf einem gemeinsamen Grabdenkmal verewigt. Es wurde bereits angedacht, zukünftig an dieser Stelle eine kleine Kapelle zu errichten. Selbstverständlich können auch im neuen Teil des Friedhofes klassische Gräber angelegt und selbst versorgt werden.

Dass das Projekt der Erweiterung eines bereits viele Jahrhunderte existierenden und immer noch in »Gebrauch« befindlichen Friedhofes und seiner Pfarrkirche mit soviel Engagement, Ideenreichtum aber auch mit dem Ziel, die historische Tradition des umliegenden Gebietes bei der Gestaltung miteinzubeziehen vorangetrieben und umgesetzt wurde, finden wir bemerkenswert. Es ist großartig, dass die lange Geschichte dieses Ortes seine Fortsetzung findet. Manchmal, scheint's, kann der Ewigkeit auch von Menschenhand etwas nachgeholfen werden.

Öffnungszeiten Friedhof: Stehts begehbar
Pfarrkirche: Während der Sommermonate Sa. und So. tagsüber geöffnet

PLACE 19

Wild

Klosterwald Harmannsdorf-Rohrwald

START & ANREISE
2105 Oberrohrbach, Waldstraße 125
Linie S3 › Spillern Bahnhof › Sammeltaxi ISTmobil bis Oberrohrbach Goldenes Bründl

BESONDERHEITEN
Andachtsplatz, Waldführungen

Im Gegensatz zu der naheliegenden Annahme, Naturbestattungen seien wohl die älteste Variante aller Bestattungsformen oder zumindest eine recht übliche, wurden wir bei unserer Recherche eines Besseren belehrt. Wir hatten nicht an die Macht der Religion gedacht. Erst vor ungefähr 20 Jahren hat sich das Konzept im deutschsprachigen Raum entwickelt. Der Schweizer Ueli Sauter, Sohn eines Steinmetzes und von Kindesbeinen an mit Friedhofsarealen vertraut, hatte den entscheidenden Einfall. Als einer seiner Freunde testamentarisch verfügte, dass nach der Kremierung seines Leichnams die Asche in den Schweizer Bergen beigesetzt werden solle, kam Sauter die Idee, am Bestattungsort einen Baum zu pflanzen. Die Vorstellung, der Setzling nehme mit der Asche des Toten durch sein Wurzelwerk die Nährstoffe, die neues Leben bestärken und fördern, in sich auf, begeisterte ihn. In den 90er Jahren hatte seine Vision gesetzlich keinen Zuspruch erhalten, der Plan, einen Bestattungswald in seinem damaligen Wohnort Mammern anzulegen, scheiterte. Als er aber auf privatem Gelände mit Beisetzungen begonnen hatte, bekam Sauter 1999 die offizielle behördliche Genehmigung für sein Konzept »Friedwald«. Von da an verkauften sich die Patentrechte in ganz Europa. Die Idee der Baumbestattung und somit eine würdige Alternative zu herkömmlichen Bestattungsarten war geboren.

Auch im Raum in und um Wien haben die Bestattungswälder in den letzten Jahren an Zahl deutlich zugenommen und er-

©Martina

freuen sich außergewöhnlich großer Beliebtheit. Der Klosterwald am Kahlenberg, der 2019 erst eröffnet wurde, musste bereits erweitert werden. Die Klosterwald Verwaltungs GmbH, die Waldflächen von Klöstern und christlichen Gemeinschaften als Bestattungsorte zur Verfügung stellt, betreibt allein schon fünf Waldfriedhöfe in Niederösterreich und Wien.

So geschieht es, dass wir ohne dieses Wissen – völlig unvorbereitet quasi – eines späten Herbstabends in der Laune sind, einen Abendspaziergang im nahe Oberrohrbach gelegenen Rohrwald zu machen; ein herrliches Ausflugsziel für Hundehalter und jeden, der gerne abseits der Massen ungestört die Natur genießen möchte. Wir treten unsere kleine Wanderung kurz vor Einbruch der Dunkelheit an, was angesichts der potentiellen Konfrontation mit Wildschweinen, Dachsen & Co schon nicht die allerbeste Idee ist und uns einiges an Nerven kosten wird. Vorbei an weiten Wiesenflächen und Forstarealen führt die Route tief in den Wald hinein und über einen Rundweg zurück zum Parkplatz des Goldenen Bründls, wie auch aus dem Anfahrtsplan zum Klosterwald zu ersehen ist. Als wir gegen Ende des Spazierganges bei inzwischen finsterer Nacht im Mondlicht plötzlich bemerken, dass der bisher dunkle Waldboden unter unseren Füßen in einen hellweißen, knirschenden Untergrund übergeht, sind wir wie aus der Welt gefallen und dementsprechend verwirrt – ob wir irgendwo eine falsche Abzweigung genommen haben? Spätestens seit René Descartes philosophischem Gleichnis vom Verirrten im Wald wissen wir aber: Am besten, man entscheidet sich für einen Weg und folgt ihm, ohne die Richtung zu ändern. Das ist freilich einfacher gesagt als getan. Die Spur verzweigt sich inzwischen mehrfach, bald durchlaufen die schmalen, lichten Pfade den finsteren Wald wie weiß durchblutete Adern. Zu unserer Erleichterung erreichen wir schneller als gedacht eine große weiße Kiesfläche, den neu geschaffenen Park-

platz. Eine Infotafel klärt uns über die rätselhaften Vorkommnisse auf: Ein Teil des Rohrwaldes ist seit Frühling 2020 zum Klosterwald geworden, einem Baumbestattungsareal mit eigenem Andachtsplatz in Herzform und zentraler Sitzmöglichkeit für Angehörige der hier Bestatteten. Schon zu Lebzeiten kann man sich für seinen Baum entscheiden – eine der Hainbuchen, Eichen, Linden oder Pappeln steht zur Auswahl bereit. Die verfügbaren Baumarten richten sich nach der lokal vorkommenden Vegetation. Je nach Baumgröße gibt es verschiedene Bestattungskapazitäten – so bietet ein Familienbaum Platz für bis zu 10 Urnen, ebenso ein Gemeinschaftsbaum. Die Bäume sind – abhängig von der Lage im Wald und ihrem Alter – in unterschiedlichen Kategorien zu erwerben. Die Grabpflege wird von der Natur übernommen, nichts außer einer Nummer oder einem Namensschild am auserkorenen Baum weist darauf hin, dass es sich um einen Bestattungsort handelt.

Die Vorstellung, nach dem Tode wieder in die Natur einzugehen, spendet Trost und fühlt sich für viele organisch richtig an; allerdings ist diese Form der Bestattung in etablierten Religionsgemeinschaften wie dem Judentum, dem Islam und dem Christentum traditionell lange ausgeschlossen geblieben, da diese keine Einäscherungen sondern nur Erdbestattungen zuließen. Auch wenn die liturgische Formulierung *»Erde zu Erde, Asche zu Asche, Staub zu Staub«* bei so gut wie jedem christlichen Begräbnis vorkommen mag, widerspricht die Idee, in den Schoß von Mutter Natur zurückzukehren, klar dem christlichen Wiederauferstehungsgedanken.

Die Kirche hat inzwischen dennoch ihre Haltung gelockert. Im Klosterwald darf heute jeder seine letzte Ruhestätte finden – ob mit oder ohne Konfession, die Natur nimmt alle ihre Kinder wieder auf, die Seele darf in den Himmel.

Öffnungszeiten: Das gesamte Gebiet des Rohrwaldes, in das die Bestattungsfläche integriert ist, ist ganzährig begehbar

PLACE 20

Gigantisch

Zentralfriedhof

START & ANREISE
1110 Wien, Simmeringer Hauptstr. 234
Linien 11, 71 › Zentralfriedhof 2. Tor

BESONDERHEITEN
Konditorei am Haupttor, Bestattungsmuseum, Ehrenhain, Park der Ruhe und Kraft, Wildtiere, Promigräber

Besucht man ihn das erste Mal, ist man überwältigt. Der Gigantomanie des Wiener Zentralfriedhofes ist in keiner Hinsicht beizukommen. Die Größe der Anlage, die opulente Vielgestaltigkeit der Grabstätten, die skurillen und zahlreichen Geschichten, die sich um ihn drehen – wir ahnen: In einem Menschenleben lässt sich dieses weite Land, diese eigene Welt, nicht erfassen. Mit einer Fläche von 250ha und 330.000 Grabstellen zählt der Zentralfriedhof in Wien an inzwischen 2. Stelle nach dem 389ha umfassenden Ohlsdorfer Friedhof in Hamburg zu den größten Parkfriedhöfen Europas. Was die Anzahl der Bestatteten angeht, liegt er mit ca. 3 Millionen Menschen sogar nach wie vor auf Platz 1.

Im Jahre 1870 startete der Schweizer Alfred Friedrich Bluntschli in Bürogemeinschaft mit seinem deutschen Kollegen Karl Jonas Mylius die Arbeiten an einem Entwurf für die monumentale Anlage. Die Pläne sahen ein Wegesystem in

Form eines klassischen griechischen Kreuzes vor, in dessen Mitte die Friedhofskapelle im Renaissancestil umgeben von Arkadengrüften Platz finden sollte. Es kam aber im Verlauf der Umsetzung bis hin zur Einweihung des Friedhofes im Oktober 1874 zu Unstimmigkeiten zwischen den beiden Architekten und der Friedhofskomission, was zu massiven Bauverzögerungen führte. Bei seiner Eröffnung im November war mit der Errichtung der Kapelle sowie der Kolumbarien noch nicht einmal begonnen worden, das Eingangsportal bestand aus einem hölzernen Provisorium. Erst ca. 30 Jahre

später wurden die fehlenden Gebäude inklusive Administrationsanlagen, Leichenhallen und der Friedhofskirche vom Architekten Max Hegele im Jugendstil errichtet und prägen heute das beeindruckende Erscheinungsbild des gesamten Areals.

Als interkonfessioneller Bestattungsort mit laizistischer Ausrichtung bietet der Wiener Zentralfriedhof Verstorbenen sämtlicher Glaubensrichtungen eine letzte Ruhestätte. Neben dem gemeinsamen, allerdings mehrheitlich katholisch belegten Hauptfriedhof finden wir auch eigene Abteilungen. Während für die größeren Gemeinden wie die evangelische und die jüdische eigens räumlich getrennte Abschnitte mit individuell über die Außenmauer erreichbaren Zugangstoren existieren, fügen sich die kleineren buddhistischen, islamischen, orthodoxen und sogar mormonischen Bestattungsflächen wie Inseln in das Gelände des allgemeinen Teils ein. Neben dem »herkömmlichen« Friedhofsbereich finden wir zudem Sonderbereiche für speziell gewidmete Gräber. Dazu zählen die Grabdenkmäler der Verstorbenen bestimmter historischer Ereignisse wie die Kriegsgräberanlagen des I. und II. Weltkrieges sowie eine speziell angelegte Gruppe (30A) für die Opfer des verheerenden Ringtheaterbrandes von 1881. In den Anatomiegräbern (26) finden diejenigen, die ihren Körper der Medizin zu Forschungszwecken überlassen haben, eine würdige Verabschiedung.

Betreten wir den Friedhof über das heroisch anmutende Hauptportal an Tor 2, erblicken wir in weiter Ferne die bombastische Kuppel der von Max Hegele 1911 fertig gestellten Friedhofskirche »Zum Heiligen Karl Borromäus«. Auf sie zugehend, spazieren wir an den alten von Bluntschli und Mylius entworfenen Arkaden mit ihren 36 traumhaft gestalteten Grüften, den Ehrengräbern und der Präsidentengruft vorbei. Dahinter liegend eröffnet sich uns die Welt der Toten, die über der Erde allerdings weitaus bevölkerter ist als viele andere Orte in Wien. Das Friedhofsgelände bietet einer gro-

ßen Anzahl von Tierarten einen ganz besonderen Rückzugsort. Neben Dachsen, Füchsen, Hamstern, Hasen, Eichkätzchen, Falken, Fasanen und vielen Singvögeln gibt es etliche Amphibien und Insekten. 2011 wurde am hinteren Rand des Friedhofes ein Biotop mit Teichen und Schilfgürtel angelegt, es liegt umgeben von weitläufigen Schmetterlingswiesen, die im Sommer nicht gemäht werden dürfen. Auch Bienenstöcke gibt es, den Honig der Friedhofsbienen bekommt man neben Souvenirs beim Eingang (Tor 2) im Friedhofsshop. Hier finden wir auch das wirklich sehenswerte Bestattungsmuseum, wo die »scheene Leich« im Wandel der Zeiten erlebbar ist.

Dass der Wiener Zentralfriedhof ein Magnet für Touristen aus aller Welt ist, spüren wir am Ende des Tages nicht. Wie in einem verwunschenen Märchenland fühlen wir uns hier. Während wir uns einsam im sanften Licht des Sonnenuntergangs langsamen Schrittes durch die Gräberreihen bewegen, steht hie und da ganz nah ein Reh – und regt sich nicht. Es beobachtet uns still, ein zartes, lebendiges Standbild inmitten einer Schar von schweigenden Monumenten.

Öffnungszeiten: 3. November bis Ende Februar: 8:00 bis 17:00
März sowie von 1. Oktober bis 2. November: 7:00 bis 18:00
April bis September: von 7:00 bis 19:00
Mai bis August: jeden Donnerstag bis 20:00
Fläche: 2.500.000m², Grabstellen: 330.000

11
71
TOR 1
Urnenhain
Simmeringer Hauptstraße
11
71
TOR 2
Museum
Halle 1
Alte Arkaden
Weichseltalweg
Alter jüdischer Friedhof
S7
Zentralfriedhof
TOR 11
Stupa
Ehrengräber
Neue Arkaden
Borromäus-Kirche
Ehrenhain (Falco)
Friedhofs-gärtnerei
Halle 3
Mylius-Bluntschli-Straße
Buslinie ZF
Zentral-verschiebebahnhof
1. Weltkrieg
2. Weltkrieg
71B
TOR9
(fährt Mo-Fr morgens und nachmittags)

Stadtwäldchen Simmering
Thürnlhofstraße
Stadtpark Leberberg
11
71
71A
71B
TOR 3
11
71
71A
TOR4
Park der Ruhe und Kraft
24
Neue Zeremonienhalle
Leberweg
27
Mahnmal
36
Evangelischer Friedhof
Neuer jüdischer Friedhof
Etrichstraße
Simmeringer Hauptstraße
37
39
Hauptwerkstätte Wiener Linien
125
132
163
133
152
119
135
151
136
148
113
138
147
139
146
105
140
145

Aufgelöst

Verschwundene Friedhöfe

Wir wenden uns nun gegen Ende unserer Stationen noch einer spannenden Thematik zu, den verschwundenen Friedhöfen von Wien. Derer gibt es freilich mehr, als man oft weiß – nicht nur viele der heutigen Wiener Parks gehen originär auf Friedhofanlagen zurück (siehe auch Wild-Urb *Places-Edition* »Parks«), fast möchten wir sagen: die Toten, sie sind überall!

Friedhof zu St. Ulrich: Bescheiden

Wer hätte zum Beispiel erwartet, dass sich mitten im 7. Bezirk, im Dreieck zwischen Siebensternplatz, Mondscheingasse und Zollergasse, wo die Lokalszene boomt, Straßenbahnen, Autos und Busse vorbeirauschen, von 1590 bis 1783 der Friedhof zu St. Ulrich befand. Der Stadtteil verzeichnete bereits im 16. Jahrhundert eine starke Bevölkerungszunahme, allerdings nicht aufgrund positiver Geburtsbilanzen – und die Kindersterblichkeit war ohnehin erschreckend hoch. Es kamen allerdings nach den Türkenkriegen viele Söldner aus dem restlichen Österreich und Süddeutschland nach Wien, dies lässt sich spannenderweise anhand von Trauungsmatriken aus dem 17. Jahrhundert belegen.

Die Bewohner des heutigen 7. Bezirks waren gegen Ende des 18. Jahrhunderts vorrangig in Manufakturen und frühindustriellen Werkstätten der Textilerzeugung beschäftigt. Die Lebensbedingungen waren erdenklich schlecht, zeitgenössische Schilderungen überliefern uns Informationen

Grabstein als Baumaterial (Wienfluss)

©Wildurb

zu massiv beengten Wohnverhältnissen, verseuchtem Wasser und Unrat auf den Straßen. Das alles trug zu wiederkehrenden Ausbrüchen von Seuchen und Krankheiten bei, was unter der zusammenführenden Betrachtung von archäologischen Funden, anthropologischen Aspekten und den vorhandenen Totenprotokollen der Pfarre St. Ulrich klar ersichtlich wird. Auf dem Friedhof zu St. Ulrich wurden mehrheitlich Mittellose, Alte und neu- oder totgeborene Kinder bestattet. Entdeckt wurde das Areal 2008 beim Ausheben einer Baugrube.

1070 Wien, Bereich Siebensternplatz

Neuer Schottenfriedhof: Miasmenreich

Ursprünglich war der zur Benediktinerpfarre des Schottenstifts an der Freyung gehörige »Vogelsang-Friedhof« direkt an das Stift im 1. Bezirk angeschlossen. Die Schließung des Friedhofes 1751 zeigt, dass bereits vor den erwähnten josephinischen Reformen von 1783/84 der Wunsch vorhanden war, die Toten außerhalb der Innenstadt zu beerdigen. Die Gerüche, die von den oft nicht tief genug begrabenen Kadavern ausgingen, die so genannten Miasmen, waren der Bevölkerung unerträglich geworden und standen im Ruf, giftig und schädlich für die Lebenden zu sein. Erst im Laufe des 18. Jahrhunderts hat man aufgrund der Entwicklungen im Bereich von Medizin und Hygiene herausgefunden, dass nicht alles was übel riecht, giftig ist und umgekehrt. Im

Jahre 1765 jedenfalls wurde ein in der Vorstadt Alsergrund gelegener Acker als neues Friedhofsgelände bestimmt. Die Alservorstadt, entstanden aus einer kleinen Ansiedlung vor dem Schottentor der alten Stadtmauer, war geprägt von Armen- und Krankeneinrichtungen und der ihnen zugehörigen Bestattungsareale. Das 1657 erbaute Seuchenspital Kontumazhof, das später in ein Großarmenhaus umgewidmet wurde, um 1783 dann ein kaiserliches Militärspital zu werden, ist dafür beispielhaft. Der neue Schottenfriedhof lag tatsächlich auch in unmittelbarer Nähe zu zwei anderen

©AdobeStock/tatui1761

heute nicht mehr existenten Spitalfriedhöfen, dem Backenhäusel Gottesacker und dem so genannten Spanischen Friedhof. Alle drei waren auf dem Areal zwischen Sensengasse und Spitalgasse zwischen 1656 und 1765 angelegt worden. Da der neue Schottenfriedhof der Pfarre des Schottenstifts angehörte, wurden die dort oft wohlhabenden Bestatteten im Vergleich zu denen anderer Friedhöfe mit weitaus mehr Grabbeigaben in Form von Schmuck und religiösen Devotionialien bedacht. So konnten neben Rosenkränzen und Amuletten auch Totenkronen gefunden werden, die vor allem Kindern und ledig Verstorbenen mitgegeben wurden. Sie sollten die noch ausstehende Hochzeit im Jenseits, Tugend und Jungfräulichkeit symbolisieren.

Immer wieder tauchen bei Umbauten und Grabungen in Wien aufgelassene ehemalige Bestattungsorte auf. Die Überraschung ist in den meisten Fällen groß, meist wird erst abgeklärt, ob es sich nicht etwa um die Opfer eines Verbrechens handelt. Wie soll man als Nicht-Archäologe auch ahnen, woher die Gebeine ursprünglich stammen. Tatsache ist, dass uns bei näherem Darüber-Nachdenken nicht verwundert, dass es solche Funde immer wieder gibt. Eine Stadt, die über Jahrhunderte, ja manchmal Jahrtausende gewachsen ist, wo sollte sie all die beherbergen, die einst ihre Entwicklung mitgestaltet haben und nun nicht mehr sind.

1090 Wien, Bereich Sensengasse/Spitalsgasse

Mehr Abenteuer

Hier findest Du einen Auszug der WildUrb Buchserie und auf **www.wildurb.at** unser gesamtes Verlagsprogramm.

WIEN GEHT

Die reizvollsten Spaziergänge der Stadt

Abenteuerlich oder erholsam, historisch oder modern, lieblich oder verwegen, kontrastreich oder grün, alleine oder gemeinsam:
Einfach gehen. Durch Wien.

Alle Touren via QR-Codes online abrufbar.

WIEN WANDERT

Die offiziellen Wanderwege der Stadt

Alle offiziellen Stadtwanderwege und Naturlehrpfade Wiens, »rundumadum« in 7 Tagesetappen sowie Informationen über Grillplätze, Naturdenkmäler, Stempelstationen uvm.

Alle Touren via QR-Codes online abrufbar.

WIEN RADELT

Die City und ihr Umland erfahren

20 Radtouren führen Dich in das liebenswerte Wien hinein und drum herum. Mit dem Radl die Stadt und ihr Umland erkunden und frische Luft und Lebensfreude tanken.

Alle Touren via QR-Codes online abrufbar.